Torsten Pickert

Liebe ~~un~~möglich?!?

Eriks wunderbare Reise in die Welt der Frauen

Über den Autor:

Torsten Pickert ist 40 Jahre alt und wurde mit einer infantilen Zerebralparese geboren. Er kam in der 32. Schwangerschaftswoche zur Welt. Damals die erste Woche, in der es überhaupt eine Überlebenschance gab. Da er nicht eigenständig atmete, kämpften Ärzte um sein Leben und er betrachtet dieses Leben als sein größtes Geschenk.

Sein größtes Glück war, dass er in einer Zeit zur Welt kam, in der an Inklusion noch nicht zu denken war. Was seltsam anmuten mag, lässt sich einfach erklären: Torsten Pickert begegnete in seinem Leben stets Menschen, die ihn unterstützten und nach pragmatischen Lösungen suchten, um ihm volle Teilhabe zu ermöglichen.

So konnte er 1986 in die Regelschule eingeschult werden, die er 1999 mit dem Abitur abschloss. Genau zehn Jahre später beendete er erfolgreich das Studium der Politikwissenschaften und der Anglistik in Bremen. Ein Auslandssemester in Bath empfindet er bis heute als bereichernde Erfahrung. Seit November 2009 ist er im Bereich Presse- und Öffentlichkeitsarbeit tätig.

„Liebe unmöglich?!? - Eriks wunderbare Reise in die Welt der Frauen" *ist sein literarisches Debüt. Ein Projekt, zu dem er selbst Ermutigung brauchte und das über Jahre wachsen und reifen musste. Das Ergebnis ist dieses Buch, das Ihnen hoffentlich angenehme Lektüre ist!*

Für meine Eltern und meinen Bruder, die mir stets Stütze, Ratgeber und Freunde sind. Drei wundervolle Menschen, die ich über alles liebe

und

für alle, die mich auf dieser anstrengenden, aber wunderschönen Reise begleitet haben

In Dankbarkeit
Torsten alias Erik

Vorwort

Unsere Gesellschaft erscheint mir manchmal recht seltsam. Sie wird immer offener in vielen Bereichen. Das erscheint richtig und wichtig. Eine solche Tendenz lässt sich sicher auch im Hinblick auf den Themenbereich der Liebe und Sexualität attestieren. Heute reden wir ganz ungezwungen über ungewöhnliche Sexualpraktiken, ungewollte Schwangerschaften oder auch heimliche Vaterschaftstests. Der Hype um „Fifty Shades of Grey" ist der vorläufige Höhepunkt dieser Entwicklung. Wenn Menschen aber mit Behinderung konfrontiert sind, so reagieren sie oft peinlich berührt, schauen weg oder reagieren mit Mitleid. Das ist eine ganz natürliche Reaktion und dennoch wäre es manchmal nur wünschenswert, wenn die Menschen offen darüber sprechen würden, was sie empfinden. Dann könnten die Menschen mit Behinderung sich darauf einstellen und versuchen, soweit dies möglich ist, die Atmosphäre angenehmer zu gestalten. Mir geht es nicht anders als den meisten Menschen. Ich versuche mein Leben so gut es geht zu meistern, meine berufliche Laufbahn fortzusetzen; all das unterscheidet mich nicht von allen anderen Menschen. Ich habe Gefühle, Bedürfnisse, Schwächen und Stärken wie sie alle haben. Der einzige Punkt, in dem ich mich unterscheide, ist die Tatsache, dass ich nicht gehen kann und einige meiner Bewegungen „anders", vielleicht auch ungewöhnlich, aussehen mögen. Dafür brauche ich kein Mitleid und auch keine Bewunderung. Ich versuche einfach nur, aus meinem Leben das Leben zu machen, was ich mir vorstelle. Etwas völlig Normales. Dass der Rollstuhl dabei manchmal eine besondere Herausforderung ist, bleibt auch unbestritten. Für mich war er aber nie der Gegenstand, über den ich mein Leben definierte.

Menschlicher Umgang miteinander, Freundschaften, Ausbildung und Beruf, das waren und sind wichtige Dinge in meinem Leben.Für mich war es nicht wichtig, ob ich den linken Arm genauso gut bewegen kann wie den rechten. Man hatte mir dieses Leben mit diesem Körper geschenkt, Ärzte und Schwestern hatten bei meiner Geburt darum gekämpft. Ich schätze und liebe dieses Leben. Auch ich möchte gern mein Leben teilen, mit einem Menschen - genauer gesagt einer Frau - glücklich werden.
Verlässlichkeit, Vertrauen, Intimität und Sexualität spüren, all dies tut mir genauso in der Seele gut wie jedem anderen Menschen auch. Viele von Ihnen werden sich nun vielleicht fragen, woher nimmt er den Mut, das alles öffentlich zu schreiben? Aus der Hoffnung, dass ein Buch wie dieses gelesen wird und zum Nachdenken anregt, ohne dabei allzu sehr auf Traurigkeit und Mitleid zu setzen. Im Gegenteil: Ich wünsche Ihnen bei der Lektüre der Geschichte meines Freundes Erik recht vergnügliche Momente! Wie viel Autobiografisches in der Geschichte steckt, lasse ich an dieser Stelle unbeantwortet...

Vorwort des Autoren, der die Geschichte seines Freundes Erik auch erzählt.

Zur Entstehung dieses Buches

Zu dem Zeitpunkt, an dem Sie dieses Buch in gedruckter Form in den Händen halten, werden seit dem Beginn von Eriks Geschichte knapp sechzehn Jahre vergangen sein. Auch das Schlusskapitel ist dann schon fünf Jahre her. Erik brauchte einfach diese Zeit, um seine Geschichte zu formulieren, zu präzisieren und zu ordnen.

Auch die Entscheidung, die Geschichte in dieser Form zu publizieren, hat er sich nicht leicht gemacht. Um diesen Schritt gehen zu können, hat er die Namen aller Personen (auch seinen eigenen) geändert.

Alle Ereignisse, die in diesem Buch beschrieben sind, haben sich aber tatsächlich so zugetragen. Dennoch sollten Sie immer bedenken, dass die Geschichte Eriks subjektive Perspektive wiedergibt. Subjektive Wahrnehmung ist stets real, sie muss aber nicht unbedingt der tatsächlichen Realität entsprechen.

Die Spannungen zwischen Erik und seinen Eltern gehören, sehr zu Eriks Erleichterung, längst der Vergangenheit an, auch die Wunde ist endlich geschlossen. Beide Umstände sind aber für das Verständnis der Geschichte auch in der Ausführlichkeit ihrer Darstellung unerlässlich.

Abschließend noch zwei Hinweise: Ich hoffe, dass es mir gelungen ist, allen Personen angemessen und respektvoll den notwendigen Raum in der Geschichte zu geben.
Wichtig ist auch noch, dass die Situation mit Edith zum

Zeitpunkt ihres Entstehens realitätsnah dargestellt ist, aber es Edith selbstverständlich frei steht, zwischenzeitlich Änderungen am Leistungsangebot vorzunehmen.

Ach ja, eine Freundin hat Erik noch immer nicht!

Die Nacht, die alles veränderte

Würde man Erik fragen, wann und wo seine Erzählung beginnen soll, so würde er sicher ohne zu zögern antworten: „Am Abend eines Frühlingstages 2003 in meinem Bett im Elternhaus." Würde man ihn allerdings fragen, wann und womit sie enden soll, so würde er schulterzuckend, aber mit einem Lächeln im Gesicht, dasitzen und sagen: „Sie soll auf jeden Fall wieder im Bett enden. Ob in meinem oder in ihrem ist mir egal. Wichtig ist nur, dass sie die erste Frau ist, die mich küsst und mit mir schläft, weil sie mich mag."

Wir würden beide herzhaft lachen und uns noch etwas zu trinken holen. Doch dann würde Erik wieder ernst werden und wohl hinzufügen: „Wann das sein wird, weiß ich nicht. Vielleicht wird es nie soweit sein." Das ist ein Gedanke, den Erik in letzter Zeit oft äußert. Trotz allem kann ich jedes Mal die ehrliche Traurigkeit, die er bei diesem Gedanken empfindet, spüren, ja fast greifen. Offensichtlich wird der Gedanke nicht unbedingt leichter zu ertragen, je öfter man ihn ausspricht. Trotzdem danke ich Erik an dieser Stelle ausdrücklich dafür, dass er mir seine Geschichte so detailliert erzählt hat. Das zeugt von echter Freundschaft und tiefem Vertrauen. Deshalb erfülle ich jetzt auch gern seinen Wunsch, dass seine Geschichte aufgeschrieben wird.

Auf meine Frage, warum Erik das möchte, antwortet er immer so: „Ich hoffe, dass es mir hilft, aber ich möchte auch, dass andere Menschen mit Behinderung den Mut finden, offen zuzugeben, dass sie eben auch nicht geschlechtslos sind. Auch Menschen mit Behinderungen haben Gefühle, Wünsche, Sehnsüchte und (sexuelle)

Lust. Die Erfahrungen, die ich machen durfte - und zum Teil machen musste - lassen eher den Schluss zu, dass diese Tatsache in der Gesellschaft noch längst nicht angekommen ist."

Aber da man Geschichten ja bekanntlich besser vom Anfang erzählt, kehren wir an dieser Stelle besser zu dem Frühlingsabend 2003 zurück.

Erik kam von einem anstrengenden, aber zufriedenstellenden Tag von der Uni zurück und genoss die letzten Sonnenstrahlen. Anschließend ging er in sein Zimmer, um sich eine Sendung im Fernsehen anzuschauen. Auch als er ins Bett ging, war alles noch normal. Seine Eltern brachten ihn ins Bett, zogen ihn aus, wuschen ihn, zogen ihm den Schlafanzug an, alles wie immer. Auch die kleine rote Stelle, die seine Mutter im Bereich der rechten Leiste bemerkt hatte, bereitete weder ihr noch Erik großes Kopfzerbrechen. Etwas Wundschutzcreme und die Sache wäre morgen erledigt.

Nun lag Erik also im Bett und lächelte. Er hatte alles, was er sich nur wünschen konnte. Ein schönes großes Zimmer, in dem er sich wunderbar mit dem Rollstuhl bewegen konnte, sich liebevoll um ihn kümmernde Eltern, die ihn bei allem unterstützen, immer für ihn da waren. Sie waren sogar mit ihm zum Studium ins Ausland gegangen, damit Erik diese Erfahrung machen durfte. Erik hatte gute Freunde, sehr gute sogar. Auch beruflich lief es wirklich prima. Im vergangenen Jahr hatte er seine Zwischenprüfung in Soziologie und Englisch mit „sehr gut" bestanden. Darauf folgte das Auslandsstudium, was Erik als unglaublich bereichernd und wohltuend empfand. Es war fachlich und menschlich die bislang beste Erfahrung seines Lebens gewesen. Selbst wenn er dafür ein halbes Jahr auf die Krankengymnastik und seine geliebte Reittherapie verzichten musste. Heute sagt er, dass das ernsthafte Gefühl des Vermissens seines Therapiepferdes vielleicht das erste Anzeichen war, dass er sich veränderte.

Als er aber damals im Bett lag, schlief er glücklich und zufrieden ein. Was weder er noch seine Familie ahnten, war, dass über Nacht ein Unheil kommen würde, das die nächsten Jahre Eriks Leben prägen sollte wie kein anderes Ereignis zuvor.

Als Eriks Mutter ihn am nächsten Morgen anzog, war ihr das Entsetzen anzumerken. Die Stelle, die am Vorabend nur winzig und rot gewesen war, war über Nacht zu einer großen offenen Wunde von mehreren Zentimetern Länge geworden. Diese Wunde sollte Eriks ständiger Begleiter für über zehn Jahre werden. Aber auch das war an diesem Tag noch nicht absehbar.

Das einzig Gute an diesem Tag - sofern man ihm überhaupt etwas Positives abgewinnen wollte - war der Umstand, dass der Tag bereits in den Semesterferien lag. Eriks Besuch an der Uni gestern hatte lediglich der Bibliothek gegolten, einem Ort, an dem er mindestens genauso viel Zeit verbrachte wie in Hörsälen.

Das erste Ereignis dieses unheilvollen Morgens, an das sich Erik bewusst erinnert, ist jedoch der entsetzte Ausruf seiner Mutter. „Was ist denn hier passiert? Ach du Scheiße!"

Eriks Mutter benutzte fast nie solche Ausdrücke, weshalb er ahnte, wie ernst die Lage war. Dieser Moment erschien fast endlos. Auf wiederholte Nachfragen Eriks, was passiert sei, antwortete seine Mutter ihm nicht. Nachdem eine Ewigkeit vergangen schien, reagierte Eriks Mutter besonnen, wie er es von ihr gewohnt war. Sie ging zum Telefon und rief eine Krankenschwester an, die Erik gut kannte. Schließlich würde sich nicht vermeiden lassen, dass man, wenn man die Wunde sah, auch den Intimbereich Eriks zu sehen bekam. Für Erik, mit seinen vierundzwanzig Jahren nicht angenehm, wenn auch nichts Ungewöhnliches. Schließlich brauchte er ja auch beim Gang aufs Klo oder beim Duschen Hilfe. Allerdings ließ er sich eben bislang nur von seinen Eltern duschen und den Gang aufs Klo hatte er bislang auch nur einmal mit fremder Hilfe erledigen müssen. Da musste er so dringend, dass es nicht mehr anders ging.

Jetzt lag Erik nackt auf dem Bett und hörte durch die geschlossene Tür, dass seine Mutter die Krankenschwester erreicht hatte. Was sie genau besprachen, daran kann sich Erik nicht mehr erinnern, aber die Schwester versprach, in spätestens einer halben Stunde zu kommen. Also sollte Erik so lange noch im Bett bleiben, aber wieder mit Schlafanzug und Decke. Liegen ist für ihn das Schlimmste, sagt der junge Mann, da fühlt er sich so hilflos und unbeweglich. Folglich erwies sich diese halbe Stunde als „gefühlt die längste im Leben" meines Freundes. Das ohnehin unangenehme Gefühl des Liegens und dann auch noch die Ungewissheit, was über Nacht mit seinem Körper passiert war. Erik war verwirrt wie nie. Für ihn fühlte sich sein Körper fast an wie immer, er spürte lediglich ein Kribbeln an der Stelle, die gestern eingecremt worden war.

Als die Schwester Eriks Zimmer dann betrat, war die Stimmung irgendwie seltsam. Erik selbst hat sie einmal als „angespannt fröhlich" bezeichnet. Small Talk vermischt mit professioneller Konzentration und elterlicher Sorge. Eine ganz außergewöhnliche Mischung. Dann ging die Krankenschwester an die Arbeit. Die erledigte sie schnell und zügig, aber doch auch einfühlsam und sanft. Am unangenehmsten empfand Erik das Vermessen der kranken Hautstelle. Nicht, weil es irgendwie wehtat, es kitzelte nur fürchterlich. Aber es musste ja alles seine Ordnung haben für den Wundbericht. Nachdem die Wunde gespült, gereinigt und mit Spezialpflaster abgedeckt war, schien es, als wäre die Sache halb so schlimm.

Schwester Lisa erklärte, dass die Wunde zwar groß, aber doch nur oberflächlich sei und dass die Haut gut durchblutet wäre. Sofern Erik auf das Reiten, die Krankengymnastik und sonstige Belastungen der Leistengegend verzichte, sei die Sache binnen weniger Wochen abgeheilt. Erik war traurig und erleichtert zugleich. Er war traurig, weil er schon wieder nicht reiten durfte und erleichtert, weil die Sache doch handhabbar schien. Ein paar von diesen Spezialpflastern und er wäre wieder ganz der Alte. Zudem versprach die Schwester, in nächster Zeit ausschließlich selbst nach ihm zu sehen. Das war Erik besonders wichtig, weil er damals noch seine Nacktheit als unangenehm und peinlich empfand. Hätte damals auch nur irgendwer geahnt, wie sehr die Realität von der oben geschilderten Prognose abweichen würde, dann hätte Erik vieles anders gemacht. Aber dann wäre vermutlich auch dieses Buch gar nicht erst entstanden. Um keine Missverständnisse aufkommen zu lassen: Eine solche Entwicklung, wie sie dann eingetreten ist, war in keinster Weise vorherzusehen. Alle waren guter Dinge, dass die Prognose dieses Morgens wahr werden würde; und dafür gab es hinreichende Gründe.

Diese Erkrankung, die für Erik die schlimmste seines Lebens war, war nicht der alleinige Auslöser für die hier zu berichtenden Ereignisse in Eriks Leben. In der Rückschau erscheint es Erik eher so, als habe man mit dieser Wunde etwas aufbrechen, etwas sichtbar machen wollen, was schon lange in ihm war und was er nur auf diese Weise sehen konnte. Dennoch lässt sich wohl gefahrlos sagen: Fast alle Ereignisse und Prozesse, die Erik von nun an beschäftigen sollten, waren eine indirekte Folge von dieser klaffenden Wunde in seiner Leiste. Erik sagt heute oft zu mir: „Ich glaube, ich habe meine Lektion verstanden, aber nun finde ich, wäre es auch an der Zeit, mich wieder auf die glückliche Seite des Lebens zu holen."

Aber zurück zum Damals. Die ersten Tage vergingen, die ersten Pflaster wurden gewechselt, aber von der erhofften Besserung war nichts zu sehen. Im Gegenteil. Es wurde nicht besser, sondern tiefer. Ein Phänomen, was bei dieser Erkrankung (die Fachleute stuften es zunächst als Dekubitus ein) zumindest in der Anfangsphase nicht außergewöhnlich ist. Doch die Zeit, in der es nicht besser wurde; zog sich irgendwann über mehrere Wochen, sodass dann eine neue Behandlungsmethode ausprobiert und zusätzliches Fachpersonal hinzugezogen werden sollte. Noch freute sich Erik über die intensiven Bemühungen. Dass jetzt sogar weitere Experten hinzukommen sollten, die sich die Hautstelle ansehen, wertete er als gutes Zeichen, denn schließlich kommt es ja auch nicht allzu häufig vor, dass Ratlosigkeit zugegeben wird.

Der erste Besuch der Wundberatung eines zweiten Pflegedienstes war für Erik ein merkwürdiges Gefühl. Irgendwo zwischen der Hoffnung, dass dieser Besuch nun die Wende - gleichbedeutend mit der Heilung der Wunde- bringen würde und der Angst und Scham, dass ihn zum ersten Mal eine völlig fremde Person nackt sehen würde. Schließlich war inzwischen mit vier Wochen der Heilungszeitraum der ersten Prognose längst erreicht.

Die erste Wundberatung erfolgte in der Praxis des Arztes, bei dem Erik stets in Behandlung gewesen war, weil auch er das Ergebnis wissen wollte. Das Bild, was sich dort ergab, war geradezu bizarr für Erik. Im Behandlungszimmer waren seine Eltern, zwei Arzthelferinnen, der Arzt, der Wundberater und drei Ärztekoffer versammelt. Er selbst lag auf der Behandlungsliege und hatte nur noch das Unterhemd an. Was dann passierte, sollte ihn erst zum Lachen bringen, später wurde er darüber sehr traurig, auch wenn die Notwendigkeit dieser Aktion unbestritten war. Nacheinander traten der Arzt mit seinen beiden Helferinnen und der Wundberater an ihn heran und schauten sich alles an. Erik rief mich danach an und beschrieb mir den Sachverhalt um einiges direkter. Ohne große Einleitung überfiel er mich am Telefon mit dem Satz: „Kannst du dir ungefähr vorstellen, was es für ein Gefühl ist, wenn dir fünf Leute auf die Eier gucken, die du nicht mal kennst?" Konnte ich natürlich nicht. Erik fühlte sich bloßgestellt, jeder durfte mal hinsehen. Was danach gesagt wurde, sollte sich für Erik in Teilen zum geflügelten Wort entwickeln. Es war in keiner Weise böse gemeint, im Gegenteil: vermutlich sollte es aufbauend klingen.

Für Erik klang es in dem Moment aber wie der blanke Hohn. Jeder der an ihn herantrat, begann seine Ausführungen mit einer minimalen Abwandlung des Satzes: „Die Wunde sieht aber eigentlich ganz gut aus." Für Erik sollte sie nicht gut aussehen, sie sollte heilen und verschwinden!

Am liebsten hätte Erik dies auch allen im Zimmer befindlichen Personen so gesagt. Doch Erik besann sich anders. Plötzlich ging ihm durch den Kopf, dass sich ja alle dort versammelt hatten, um ihm zu helfen. Jeder wollte so gut wie möglich seine Arbeit tun. Außerdem hatten sie ja vermutlich sogar recht mit dem, was sie sagten: Bestimmt gab es Wunden, die viel schlimmer und tiefer waren. Also sagte Erik nichts, sondern behielt seine Gedanken für sich.

Mitten in diese Überlegungen hinein wurde Erik eine Frage gestellt, die zunächst überhaupt keinen Sinn zu ergeben schien. Einer der Anwesenden fragte ihn, ob er einen Spiegel über dem Bett hätte. Erik war völlig perplex. Ein Spiegel über dem Bett, also unter der Decke? Wer hatte denn so etwas? Zaghaft antwortete er, dass er dort keinen Spiegel angebracht hätte und fragte, warum diese Frage von Bedeutung war. Die Antwort war genauso einfach, wie sie einleuchtend war. Dann könnte Erik selbst auch sehen, wie die Hautstelle aussah und müsste sich nicht darauf verlassen, wie andere Menschen die Wunde beschrieben. Was hätte Erik antworten sollen? In seinem Kopf überschlugen sich die Gedanken. Auf der einen Seite war es sein Körper, seine Wunde: Er fühlte sie, er spürte sie und eigentlich hatte er ein Interesse daran und ein Recht darauf zu wissen, was mit seinem Körper gerade passierte. Aber wollte Erik die offene Stelle sehen? Die Antwort lautete: Nein.

Es war alles noch zu frisch, zu unklar, zu verwirrend. Außerdem war Erik ein sensibler Mensch. Allzu viel Blut konnte er nicht sehen. Diese Antwort gab er dann auch laut. Ob diese Antwort bei den Ereignissen, die unmittelbar folgten, eine Rolle spielte, wusste Erik nicht. Der Arzt, die Arzthelferinnen und die Experten sowie seine Eltern zogen sich auf die gegenüberliegende Seite des Raumes zurück und besprachen sich flüsternd. Erik lag allein auf der Liege und hörte nichts. Er wusste, dass seine Eltern ihm selbstverständlich - möglicherweise in sanfterer Form und mit anderen Worten - mitteilen würden, was dort besprochen worden war. Ein Gefühl, das der junge Mann noch nie erlebt hatte, stieg kriechend und doch unaufhaltsam in ihm auf. Er dachte nichts, alles fühlte sich leer an. Er wollte, dass es jemanden gab, der ihn festhielt, ihm sagte, dass er nicht allein war. Genau das wünschte er sich jetzt. Gleichzeitig wusste er intuitiv, dass niemand von den derzeit im Raum befindlichen Personen ihm das geben konnte, was er jetzt brauchte. Erst viel später realisierte er, dass er zum ersten Mal echte Einsamkeit, gepaart mit einer plötzlichen heftigen Sehnsucht nach einer Partnerin, erlebt hatte.

Damals hatte er das Gefühl einfach nur hingenommen und war aus unerfindlichen Gründen traurig geworden. Rückblickend beschrieb Erik das Gefühl als dasjenige, was am schnellsten und intensivsten über ihn gekommen war. Manchmal, wenn er später über diese Gefühlslage sprach, meinte sich Erik auch daran zu erinnern, dass ihm dieses Gefühl körperlich wehtat. Aber die Erinnerung daran gab es nur am Anfang. Vielleicht war sie verblasst, vielleicht waren aber auch das Gefühl der Einsamkeit und die Traurigkeit darüber so intensiv gewesen, dass der Kopf den Eindruck des körperlichen Schmerzes brauchte. Ich vermag es selbst natürlich nicht zu beurteilen und auch Erik konnte mir diese Frage nicht mit Sicherheit beantworten.

Was Erik noch sehr genau in seiner Erinnerung hatte, war, was geschah nachdem dieses Gefühl endlich abgeebbt war. Wie viel Zeit vergangen war, daran konnte sich Erik nicht erinnern. Es erschien ihm wie eine Ewigkeit. Der intensivste Wunsch Eriks war, dass dieses entsetzliche Gefühl nicht zurückkehren sollte. Nie wieder! Dieser Wunsch sollte meinem Freund allerdings verwehrt bleiben.

Zurück in der Realität der Untersuchungssituation hatte die gerade vergangene „Ewigkeit" ungefähr das folgende Ergebnis: Die Wunde sei zwar groß, aber oberflächlich und gut behandelbar. Man wolle nun einen anderen Wirkstoff und eine andere Form der Wundversorgung ausprobieren. Dann müsste die ganze Sache in wenigen Wochen vergessen sein. Kommt Ihnen das bekannt vor? Erik jedenfalls fühlte sich, als hätte er ein Déjà-vu. Schließlich gab es aber doch noch etwas Neues. Zusätzlich zum Pflasterwechsel sollte die Wunde nun gut mit Wasser ausgespült werden. Das war in etwa die genau gegenteilige Aussage zur ersten Untersuchung bei Erik zu Hause. Dort waren alle noch aufgefordert worden, die Wunde nur mit Kochsalzlösung zu spülen und ausdrücklich nicht mit Wasser. Dann war der erste Arztbesuch mit der Wunde endlich überstanden.

Erik fühlte sich erschöpft und leer. Auf dem Weg nach Hause sprach niemand viel. Womit seine Eltern beschäftigt waren, konnte Erik nur ahnen, vermutete aber, dass ihre Gedanken sich um seine Wunde drehten. Ihn selbst beschäftigte etwas ganz anderes: Was war dieses seltsame Gefühl, das sich da auf der Liege so heftig in ihm geäußert hatte? Und mit wem sollte er darüber sprechen? Seine Eltern, denen er bislang immer alles hatte sagen können, schienen mit so vielen anderen Dingen beschäftigt zu sein. Außerdem spürte Erik irgendwie, dass das, was er zu berichten hatte, seine Eltern noch trauriger machen würde. Zudem war er sich zum ersten Mal nicht wirklich sicher, ob das überhaupt für die Ohren seiner Eltern bestimmt war. Aber für wessen Ohren war es dann bestimmt? Und was würde die Person sagen? Schließlich war ja alles noch so unbestimmt, so wenig greifbar. Erik wusste nur zwei Dinge. Die erste Tatsache, die er sich bewusst eingestand, war die konkrete Sehnsucht, dass ihn auf der Behandlungsliege jemand festhielte. Doch wie wirkte das? Erik war immerhin 24 und kein Kind mehr. In seiner Vorstellung brauchten bis dahin nur Kinder jemanden, der ihnen das Händchen hielt. Dass Händchenhalten eines der ersten Dinge war, die verliebte Menschen taten und tun, kam ihm nicht in den Sinn.

Die zweite Tatsache, die mein Freund nicht abstreiten konnte, war, dass das Gefühl auf der Liege mit einer solchen Intensität über ihn gekommen und ein so negatives Gefühl war, wie er es noch nie erlebt hatte. Im nächsten Kapitel werde ich auf Eriks ausdrücklichen Wunsch über ein ähnlich intensives, positives Gefühl berichten. Aber noch ist das erste wichtige Kapitel dieser Reise nicht ganz zu Ende erzählt.

Auch die neue Behandlungsmethode wollte leider nicht so recht anschlagen. Zwar hatte sich Eriks Gesundheitszustand leicht gebessert, aber nach wenigen Pflasterwechseln blieb die Situation unverändert. Also wurde erneut ein gemeinsamer Termin mit Ärzten, Wundberatern und der Familie vereinbart. Und erneut eine veränderte Behandlung beschlossen. Erik wurde immer trauriger. Es tat sich nichts und das Reiten blieb verboten. Auch die Situation bei Erik zu Hause wurde zunehmend angespannter, immer häufiger gab es in der Familie in den Gesprächen nur noch das Thema Wundheilung. Alle möglichen Quellen wurden zurate gezogen, alle Fernsehsendungen zu diesem Thema angesehen und letztendlich sogar der Hersteller des Wundpflasters kontaktiert. Dieser unterbreitete daraufhin den Vorschlag: Eriks Eltern sollten wöchentlich ein Foto der Wunde machen, das Erik dann an einen Wundberater schicken würde. Dieser würde ihm dann noch am selben Tag oder wenigstens innerhalb eines Werktages antworten. Eriks Reaktion darauf war nicht eindeutig: Auf der einen Seite gab es die Hoffnung in ihm, dass durch die neue Vorgehensweise vielleicht neue Erkenntnisse gewonnen werden konnten oder doch wenigstens schneller auf „Heilungsstillstände" reagiert werden konnte. Auf der anderen Seite erfordere dies, dass er einem Menschen, den er nicht einmal mehr sah, ziemlich freizügige Fotos schickte. Natürlich war sein Penis auf keinem der Bilder erkennbar und auch die Hoden waren soweit wie möglich abgedeckt. Außerdem bedeutete das für Erik, dass er nun jede Woche seine Wunde sehen musste. Eigentlich reichte ihm doch schon, dass seine Eltern so oft darüber sprachen. Wie dem auch sei: Letztendlich willigten Erik und seine Eltern auch in den Vorschlag der Digitalfotos ein und am Anfang erwies sich das als genau der richtige Schritt. Die Kommunikation mit dem Pharmahersteller klappte schnell, unbürokratisch, reibungslos und ausgesprochen freundlich. Erik dachte oft daran, wie es wohl Patienten ging, die ein ähnliches Problem hatten, diese Möglichkeiten des Austausches aber nicht. Erik war froh und dankbar dafür, dass er so viele Fürsprecher hatte und dass ihm geholfen wurde.

Doch dann passierte das, was bisher immer passiert war. Der Heilungsprozess stoppte wieder und erneut ohne erkennbaren Grund oder Auslöser. Also hieß es erneut, sich mit allen beteiligten Personen zu beraten. Inzwischen war es Mitte Juli geworden und der Sommer gab ein erstes Stelldichein.

Dieses Meeting sollte anders werden als alle bisherigen. Zunächst einmal entfernte man das Wundpflaster und begutachtete die Wunde. Man war zufrieden: so weit, so gut und so bekannt. Neu war allerdings die Vermutung, dass die schlechte Wundheilung in direktem Zusammenhang mit Eriks Behinderung stand. Durch seine Spastiken und die Tatsache, dass seine Beine steif seien, werde die Wundheilung erschwert. Erik war verwundert. Diese blöde Wunde zwischen den Beinen - wie er auf dem letzten Foto gesehen hatte, schlich sie sich gefährlich an den unteren Teil seiner Hoden - war ja nun wirklich nicht die erste, die er in seinem Leben hatte. Zugegeben: Die Stelle, an der sie sich befand, hätte kaum schlechter sein können, aber trotzdem: Alle anderen Wunden in Eriks Leben waren eine Sache von ein paar Tagen oder maximal wenigen Wochen, aber sicher nicht von Monaten gewesen. Als dann auch noch der Sommer und die Wärme als Ursache für die jetzt wieder unendlich schleppend verlaufende Heilung herangeführt wurden, kam Erik ein Verdacht. Waren etwa alle ratlos?

Behandlungsvorschläge wurden nur ergänzende gemacht. Erik wurde vorgeschlagen, möglichst viel Luft an die Wunde zu lassen, wenn es warm und trocken war. Dazu sollte er am besten draußen nackt sein. Er war fassungslos. So sehr er den Sinn dieser Maßnahme verstand, umso weniger verstand er, wie er sie umsetzen konnte und sollte. Wie bereits erwähnt, gab und gibt es für Erik kaum unangenehmere Dinge, als irgendwo allein zu liegen. Die Vorstellung, dabei auch noch unten herum unbekleidet zu sein, war für Erik ungefähr so etwas wie die größtmögliche Steigerung der Unannehmlichkeit. Sollten ihn nun alle nackig sehen? Das machte man vielleicht allenfalls noch im Babyplanschbecken, aber nicht mit erwachsenen Männern! Die Reaktion von Erik war eindeutig. Das wollte er nicht. Und wenn er es denn schon tun sollte - worum ihn alle so inständig baten - dann wollte er wenigstens nicht der Einzige sein, der nackt war. Einmal erfüllte Erik diesen Wunsch seines Arztes und lag eines Sommertages nur mit einem T-Shirt bekleidet im Garten. Er hätte sich - wie er mir am Telefon verriet - vor Scham am liebsten im Boden vergraben. Das Einzige, was ihm die Situation etwas erträglicher machte, war die Harry Potter-Lesung von Rufus Beck, die er über einen CD-Player hörte. Und dann war es auch noch der Teil, in dem der Zauberlehrling zum ersten Mal ein Mädchen küsst.

„Na toll!", dachte Erik in diesem Moment. „Ich liege hier in einer kompromittierenden Situation und der Zauberlehrling ist viele Jahre jünger und darf ein Mädchen küssen." Warum Erik gerade dieser Gedanke durch den Kopf ging, konnte er sich partout nicht erklären. Es war schon das zweite Mal, dass er intensiv an ein Mädchen dachte. Er dachte auch zum zweiten Mal daran, eine Frau zu berühren und zum ersten Mal dachte er auch daran, eine Frau zu küssen. Er wollte und konnte sich nicht mehr gegen den Gedanken wehren. Erik war nur froh, dass er die körperliche Reaktion unterdrücken konnte.

Erik fiel ein Stein vom Herzen, als er diesen Tag endlich überstanden hatte. Am nächsten Tag blieb er drin und angezogen, aber ein Teil der Gefühle, die er am Tag zuvor empfunden hatte, wollte ihm nicht aus dem Kopf gehen. Der Wunsch, all das nicht allein tun zu müssen, blieb. Mein Freund wusste, dass er nicht allein war und trotzdem fühlte er sich zum ersten Mal wirklich unglücklich.

Dieser letzte Arztbesuch und die Überlegungen der Fachleute, ob Eriks Erkrankung etwas mit seiner Behinderung zu tun haben könnte, hatten noch etwas anderes in Gang gesetzt. Hatten Eriks Eltern früher selten über Eriks Behinderung gesprochen, so wurde sie jetzt zum Dauerthema. Früher hatte Erik den Eindruck gehabt, seine Behinderung gehöre auch für seine Eltern einfach dazu. Sie war ein Teil von Erik und das würde sie auch immer bleiben. Sie war Teil dessen, was er war, was ihn prägte. Über Jahre hinweg hatten seine Eltern ihm das Gefühl gegeben, dass nicht wichtig war, was er nicht konnte. Dafür gab es Menschen oder Hilfsmittel. Wichtig war einzig das, was er geben konnte, was er leisten und erreichen konnte. Seine Eltern liebten Erik. Und er liebte sie. Ohne seine Eltern, das betonte Erik immer wieder, wäre er nie so weit gekommen. Sie waren Motivation, Halt und Kraftquelle gleichermaßen für ihn.

So lange er denken konnte, hatten sie sich nie darüber „beschwert", wie sein Körper war. Nun war das anders. Mit jedem Tag, der ohne sichtbare Heilung verging, wurde seit diesem letzten Arztbesuch immer lauter gesagt: „Mach deine Beine nicht so steif." Das war noch die harmloseste Variante dieser Aussage. Plötzlich stand die Einschränkung, die Eriks Körper bereits sein ganzes Leben mit sich gebracht hatte und die, solange Erik denken konnte, für alle eine solche Selbstverständlichkeit gewesen war wie Liebe und Respekt, im Mittelpunkt. Was war plötzlich passiert, wo war die Überzeugung, die Erik stark gemacht hatte? Dass er und seine Familie alles gemeinsam schaffen konnten, damit war Erik groß geworden, das hatte er verinnerlicht.

Erst allmählich begriff Erik, dass etwas wirklich Entscheidendes passiert war. Was es war, das wusste er nicht. Bis er etwas unternahm, damit es ihm besser ging, musste noch etwas anderes passieren. Eriks fünfundzwanzigster Geburtstag musste „ausfallen", weil seine Eltern damit beschäftigt waren, Behandlungsmöglichkeiten für Eriks Erkrankung zu suchen, die im Oktober noch immer nicht wesentlich besser geworden war. Sicher war dies nicht in der Absicht geschehen, dass Erik keinen Geburtstag haben sollte, sondern aus der Sorge seiner Eltern um Eriks Gesundheit. Das wusste er auch und trotzdem verspürte Erik eine nicht enden wollende Traurigkeit darüber, dass es so weit gekommen war. Diese beschissene Wunde hatte es geschafft, sein Leben und das seiner Familie soweit zu bestimmen, dass selbst ein Tag wie dieser, an dem Erik glücklich sein wollte, von ihr bestimmt wurde. Erst da begriff und beschloss Erik, dass er selbst etwas dafür tun musste, wieder glücklich zu werden. Doch was sollte er tun? Schließlich war er behindert und brauchte zu fast allem Hilfe, insbesondere zur Mobilität.

Von Menschen, Tieren und Zufallsbegegnungen

Die Antwort auf diese Frage sollte Erik eher zufällig erhalten. Dass es irgendwie mit dem zusammenhing, was in diesem Kapitel zu berichten ist, all dies hätte sich Erik eigentlich denken können. Dennoch traf ihn die Erkenntnis völlig unvorbereitet und sie sickerte nur sehr langsam in sein Gehirn, obwohl sie über ihn gekommen war wie der sprichwörtliche Blitz aus heiterem Himmel.

Erik hatte „sein" Pferd ja schon für das Studium im Ausland über längere Zeit verlassen müssen. Bereits dort hatte er gespürt, wie sehr er es vermisst hatte. Damals waren zwei wichtige Dinge anders gewesen: Der Zeitraum, in dem Erik Felix - so hieß das Therapiepferd - verlassen musste, war überschaubar gewesen und außerdem war das Auslandsstudium etwas, auf das sich Erik gefreut hatte. Er hatte Felix zwar nicht gern verlassen, aber doch mit dem sicheren Gefühl, zu ihm zurückzukehren. Das war ja dann auch passiert. Und jetzt? Seit mehreren Monaten schon durfte er wegen etwas nicht reiten, was eigentlich schon gar nicht mehr da sein sollte.

Bevor ich Eriks Geschichte an dieser Stelle fortsetze, erscheint es mir doch sinnvoll, einen kleinen Exkurs einzubauen und etwas ausführlicher auf die Bedeutung der Reittherapie für Erik einzugehen. Obwohl ich nichts mit Pferden zu tun habe, wurde mir doch schnell klar, dass sie für Erik eine besondere Bedeutung haben mussten und sich diese Bedeutung in seiner Englandzeit noch verstärkt hatte. Als ich ihn fragte, was denn das Besondere an Pferden sei, gab er mir eine Antwort, die ein separates Buch hätte füllen können. Ich möchte sie hier nur in längeren Auszügen wiedergeben. Zum einen, weil ich es beeindruckend fand, wie genau und präzise Erik im Stande war, die Bedeutung der Pferde in seinem Leben auszudrücken, zum anderen, weil es für die Entwicklung von Eriks Geschichte eines der großen Puzzlestücke ist und schließlich, weil Erik - und hier zitiere ich ihn - schon „längst hätte ahnen können, dass er große Veränderungen im Gefühlsleben erfährt", wenn er nur verstanden hätte. Denn obwohl Erik zur Reittherapie ging, seit er drei Jahre alt war, hatte sich seit dem Wiedereinstieg in das Reiten viel verändert.

Erik hatte 2001 wieder mit dem Reiten begonnen und die Unterbrechung für das Auslandsstudium folgte etwa ein Jahr später. Alle im Folgenden beschriebenen Überlegungen und Gefühle stammen aus der Zeit im Ausland, aber erst die zweite längere Abwesenheit von Felix aus seinem Leben ließ Erik diese Gedanken so klar fassen, dass man sie aufschreiben konnte.

Als Erik wieder begonnen hatte zu reiten, begriff er dies - wie seine Eltern und alle anderen auch - zunächst „nur" als Therapie. Doch je öfter Erik auf „seinem" Therapiepferd saß, umso mehr wurde ihm klar, dass es eben viel mehr war als nur Therapie. Erik mochte die Wärme des Pferdes, das Gefühl gewogen und getragen zu werden. Was Erik an Pferden oder generell bei Tieren so schätzte, war und ist ihre Fähigkeit, Menschen vorurteilsfrei zu begegnen. Ein Pferd verlangt nicht viel, aber doch das Wichtigste, was es im Leben gibt. Pferde wollen fair und mit Respekt behandelt werden und vielleicht für „gute Arbeit" mit einer Möhre belohnt werden. Dafür sind sie dann aber auch bereit, sich ehrlich und ganz auf die Arbeit und den Patienten einzulassen.

Mit jeder Therapiestunde begannen Erik und „sein" Pferd sich besser aneinander zu gewöhnen. Erik stellte sich auf Felix, seinen Wallach ein, achtete auf die Zeichen, die er gab und er spürte, dass auch Felix sich auf ihn einließ. Er spürte, ob es Erik gut ging oder schlecht; er testete ihn oder passte auf ihn auf. Gerade dieses „Aufpassen" meinte Erik in manchen Stunden besonders intensiv wahrgenommen zu haben. Den Pferden ist es egal, ob man behindert ist oder ob der Körper steif ist. Ihnen ist es auch egal, ob man Leistung bringt. Erik begann die Zeit mit dem Pferd sehr zu genießen. Es tat ihm so gut. Leider ist Erik in seiner Familie der Einzige, der mit den Pferden „etwas anfangen kann". Mitten in diesen Gedanken fasste Erik einen spontanen Entschluss. Er wollte Felix besuchen. Dass er ihn nicht würde reiten können, war klar. Er wollte einfach nur wissen, wie es ihm ging. Also rief Erik seinen Reitstall an und fragte, ob er mal vorbeikommen dürfte, um Felix zu besuchen. Der Besitzer war sehr nett am Telefon, erkundigte sich nach Eriks Befinden und beantwortete dann seine Frage damit, dass Erik gern jederzeit vorbeikommen könne, um Felix zu sehen. Allerdings wäre es ihm lieber, wenn auch eine Pferdepflegerin anwesend sei. Das war für Erik verständlich und auch kein großes Problem, denn schließlich war neben seiner Krankengymnastin Tanja auch Sandra, die Pflegerin von Felix, in jeder Therapiestunde dabei gewesen. Sie führte das Pferd. Also ließ er sich die Zeiten sagen, zu denen Sandra im Stall arbeitete und wurde gebeten, Sandra über ihr Handy anzurufen. Wenige Stunden später bekam Erik vom Stallbesitzer Sandras Nummer.

Da Eriks Wunsch ja Zeit hatte, entschied er sich dafür, Sandra eine Kurznachricht zu schreiben. Zu seiner Überraschung antwortete Sandra fast sofort. Sie freute sich offenbar wirklich darüber, von Erik zu hören. Auch Sandra erkundigte sich nach Eriks Befinden und schlug einen Termin in der kommenden Woche vor. Glücklich und zufrieden wandte sich Erik seinem neu erworbenen Hörbuch zu, das er in den nächsten Tagen hören wollte.

Kurze Zeit später hatte Eriks Mutter Tee gekocht. So saßen Erik und seine Mutter beim Tee. Der junge Mann brannte darauf, seiner Mutter von dem Termin bei Felix zu erzählen. Das tat er dann auch und so fragte Erik, ob ihn seine Mutter zum Stall fahren würde. Erik war fest davon überzeugt, dass seine Mutter ihm diesen Wunsch erfüllen würde. Schließlich hatte sie ihm, soweit er sich erinnern konnte, nur sehr selten etwas abgeschlagen. War es doch einmal vorgekommen, so hatte seine Mutter Erik immer einen Grund genannt und entweder einen anderen Termin oder Alternativen vorgeschlagen. Die Reaktion seiner Mutter auf den gerade geäußerten Wunsch traf Erik wie ein Donner.

Seine Mutter werde ihn nicht in den Reitstall fahren, dort sei es viel zu kalt und der Weg sei zu weit, um ein Pferd nur zu sehen. Hatte sie das wirklich gesagt? Oder war das ein Albtraum, aus dem Erik aufwachen würde? Skeptisch wiederholte Erik seine Frage. Er musste sicher sein, dass er sich nicht verhört hatte. Seine Mutter wiederholte ungerührt ihre Antwort, nur lauter, mit schärferem Tonfall und -wie Erik fand- viel zu harter Wortwahl. Weder Erik noch Felix hatten seiner Mutter etwas getan.

Zerknirscht zog sich Erik in sein Zimmer zurück. Er bat um sein Handy, damit er Sandra eine SMS schreiben konnte. Die Nachricht sollte emotionslos und neutral klingen Zum ersten Mal versagte Erik!

Kommunikation war immer etwas, auf das er viel Wert legte. Ihm war es wichtig, Sprache gut und angemessen einzusetzen. Neutralität in der Sprache dieser Nachricht war ihm nicht gelungen, so viel stand fest. Keine Viertelstunde später klingelte nämlich Eriks Mobiltelefon. Sandra war dran. Sie fragte ihn, was denn los sei. Sie habe Eriks SMS erhalten und verstehe sie nicht. Erik habe sich doch so auf den Besuch bei Felix gefreut. Mein Freund hatte schon seit dem Moment, in dem er Sandras Stimme hörte mit der Selbstbeherrschung gerungen; in dem Moment, als er Sandras Stimme sicher erkannte, verlor Erik sie vollständig. Arme Sandra!

Wie ein nicht enden wollender Strom sprudelten die Worte aus Erik heraus. Er konnte nicht aufhören, bis er Wort für Wort wiedergegeben hatte, was seine Mutter am Nachmittag zu ihm gesagt hatte. Erik bewunderte Sandra für ihre Geduld. Die beiden hatten in den Reitstunden wenig Kontakt miteinander und trotzdem hörte sich Sandra geduldig alles an. Sie fand warme und angenehme Worte für ihn. Nichts sonderlich Aufregendes, aber so unglaublich tröstend in diesem Moment. Sandras Vorschlag war, dass das Treffen um eine Woche verschoben werden sollte. Dann könne Erik zunächst einmal fragen, ob ihn seine Mutter an diesem Termin begleiten könnte. Sollte das nicht der Fall sein, so lag der neue Termin in der ersten Woche des neuen Semesters. Das bedeutete, dass Erik an diesem Tag wieder einen Zivildienstleistenden hatte, der den Fahrdienst übernehmen konnte. Erik sagte Sandra, er werde den Zivildienstleistenden kontaktieren, noch einmal seine Mutter fragen und sich danach wieder bei Sandra melden. Sandra sagte, dass sie, wenn der Zivildienstleistende Eriks Begleitung übernähme, ihre Freundin Maren bitten würde, auch dort zu sein. Maren wäre auch behindert und jünger als Erik, aber vor nicht allzu langer Zeit in einer ähnlichen Lage gewesen. Erik bedankte sich bei Sandra auf eine Weise, wie er sich noch nie bedankt hatte.

Es schien ihm, als wäre keines der Worte, die er kannte, in der Lage, die Dankbarkeit auszudrücken, die er in diesem Moment empfand. Nach diesem Telefonat empfand Erik zwei Dinge gleichermaßen. Er schämte sich dafür, dass er so private Dinge erzählt hatte. Das hatte er nie tun wollen. Erik fühlte sich, als hätte er gerade eine Grenze übertreten und doch fühlte er sich glücklich und erleichtert, dass er Sandra dies alles berichtet hatte. Die Tatsache, dass Sandra ihn zu verstehen schien, nahm ihm zumindest die Angst, dass Eriks Wunsch, Felix einfach nur besuchen zu wollen, tatsächlich derart abwegig war, wie ihn seine Mutter glauben ließ. Gleich am nächsten Tag fragte Erik seinen Zivildienstleistenden, ob er ihn zu dem Treffen im Reitstall fahren würde. Erik bekam eine positive Antwort. Darüber freute er sich außerordentlich. Schließlich hatte der junge Mann, der Erik nun begleiten würde, noch nie wirklich mit Pferden zu tun gehabt, weshalb Erik verstanden hätte, wenn der Zivildienstleistende abgelehnt hätte. Aber das hatte er ja nun nicht. Der Besuch bei Felix konnte kommen, so oder so! Am Abend desselben Tages versuchte Erik ein drittes und letztes Mal, seine Mutter als Begleitung für den geplanten Besuch bei

Felix zu gewinnen. Er konnte immer noch nicht verstehen, warum ihre Ablehnung so schroff gewesen war. Der erste Gedanke war, dass er gar nicht mit seiner Mutter gesprochen hatte. Dieser Gedanke war natürlich absurd, aber ähnlich grotesk war Erik die Härte und Bestimmtheit in der Stimme seiner Mutter vorgekommen. Doch auch der dritte Versuch Eriks, seine Mutter davon zu überzeugen, ihn zu diesem Besuch zu begleiten, wurde schroff beendet. Die Wortwahl seiner Mutter war in etwa dieselbe gewesen wie bei Eriks zweitem Versuch. Nur fügte sie diesmal noch hinzu: „Was willst du denn da bloß? Und jetzt hör endlich auf, damit zu nerven!"

Erik war stumm vor Entsetzen, Enttäuschung, Traurigkeit und Wut. Diese Gefühlsmischung zu beschreiben war fast unmöglich. Er schien explodieren zu wollen und gleichzeitig wich alle Kraft aus ihm. Eriks Mutter hatte ihm die Entscheidung, mit wem er Felix besuchen würde, abgenommen. Und dann so endgültig. So ohne jeden Kompromiss. Das aber brachte Erik in eine neuerliche Zwickmühle, die sich ihm allerdings erst offenbarte, als er Sandra mitteilte, dass er mit seinem Zivildienstleistenden käme. Für den Besuch bei Felix würde er seine Mutter belügen müssen. Schließlich wollte er nicht, dass sie sich Sorgen machte, weil er erst Stunden später nach Hause kam als üblich. Er hasste diese Vorstellung, aber eine Lüge schien die einzige Möglichkeit zu sein. Nach allem, was geschehen war, konnte Erik nicht einfach zu seiner Mutter gehen und sagen, dass er nach der Uni in die Reithalle fahren würde und dort vermutlich zwei Stunden oder länger blieb. Was aber für Erik noch schwieriger war, dass er ja logischerweise damit auch jemanden in diese Lüge mit einbeziehen musste. Schließlich hätte ein verräterisches Wort seines Begleiters die Wahrheit ans Licht bringen können. So beschissen hatte Erik sich noch nie gefühlt. Aber es ließ sich einfach nicht anders machen. Erik und sein Zivildienstleistender entwickelten und verwarfen Geschichten. Viele waren einfach zu abwegig und man konnte sehen, wie schwer es beiden Männern fiel. Letztendlich entschieden sie sich dann für eine schwache Variante. Erik besuchte zu diesem Zeitpunkt ein Seminar, das einen Schwerpunkt auf Gruppenarbeit legte und das passenderweise am selben Tag stattfand. Bei dem Kurs konnte man nie genau sagen, wie lange er dauern würde, auch wenn beide „Komplizen" wussten, wie unwahrscheinlich es klingen musste, dass zehn Studenten freiwillig mehrere Stunden länger arbeiteten ...

Der Tag rückte immer näher und Erik überlegte mehr als einmal, ob er die ganze Aktion abbrechen und weinend nach Hause gehen sollte, um zu sagen, wie leid es ihm tat. Aber dann sagte er sich, dass er sich einfach danach sehnte, Felix wiederzusehen und irgendwo war auch etwas in ihm, was ihm sagte, dass Erik jetzt einfach nicht zu Hause sein wollte.

Dann war „der große Tag", wie Erik ihn im Vorfeld immer genannt hatte, endlich da und somit auch die letzte Chance zu kneifen vertan.
Kurioserweise dauerte der Uni-Kurs an diesem Tag tatsächlich länger, sodass Erik - entgegen seiner sonstigen Gewohnheit - die Gruppe als einer der Ersten verließ.
Auf der Autobahn fühlte er sich erleichtert. Der Verkehr verlief reibungslos, sodass der Zivildienstleistende keine Probleme hatte und Erik bereits vor der vereinbarten Zeit am Stall ankam. Sandra erwartete Erik

bereits und die beiden sprachen eine Zeit miteinander. Dann gingen alle drei in die Halle. Dort war eine Gruppe Reiter gerade dabei aufzusitzen. Erik erkannte Felix sofort. Doch, da war noch etwas anderes: Wer war dieses blonde Mädchen, das auf einem der anderen Pferde saß? Und wieso fand Erik plötzlich weiße Reithosen so faszinierend? Es war doch nur eine Hose, oder? Nach der Stunde wusste Erik nicht, wovon er mehr gesehen hatte. Von dem, was die Gruppe mit ihren Pferden erreicht hatte, oder von diesem blonden Mädchen, das neben der weißen Reithose einen ähnlich aufregenden Pferdeschwanz trug und von dem er wusste, dass er es angelächelt hatte. Erik wusste nur, dass er an diesem Nachmittag glücklich war. Die sanften Bewegungen der Tiere und der für ihn angenehme Geruch nach Pferd hatten die Schwere von Eriks Seele genommen. Es war, als hätten die Pferde eine Zentnerlast von ihm genommen. So leicht, so unbeschwert und so weit weg von seiner Wunde hatte er sich seit Monaten nicht mehr gefühlt!

Erik konnte spüren, dass der Anblick der Pferde Erinnerungen auslöste: Erinnerungen daran, wie sich die Schrittbewegung anfühlte, Erinnerungen an die Wärme, die ein Pferd beim Schritt abgab und die er so mochte. Plötzlich gab Eriks Zivildienstleistender ihm ein Taschentuch. Erik sah ihn an und verstand nichts. Eriks Helfer nahm das Taschentuch und wischte Erik über die Wange. Sehr behutsam. Erst da begriff Erik, dass sich Tränen ihren Weg gebahnt hatten. Es war keine Traurigkeit, schließlich weinte er nicht laut. Es war Glück, vermischt mit viel Wehmut, dass Erik hatte weinen lassen. Was ihn am meisten danach wunderte, war, dass er die Tränen hatte zulassen können. Schließlich waren dort für ihn fast völlig unbekannte Menschen versammelt und er hatte als erwachsener Mann Schwäche gezeigt. Hinterher sagte Erik einmal zu mir, dass die Tränen in der Reithalle die wichtigsten Tränen seines Lebens gewesen seien und ohne jeden Zweifel die, die sich am besten angefühlt hätten. Vielleicht wollte Erik sie gerade deshalb zulassen, weil sie so treffender Ausdruck dessen waren, was er in diesem Moment empfand: Befreiung.

Wenn Erik nicht gerade damit beschäftigt war, den kullernden Tränen nachzuspüren, so beobachtete er intensiv die Bewegungen der Pferde. Es gab nur noch diesen Moment. Für Erik hätte man in diesem Moment die Zeit einfrieren sollen, sie sollte aufhören, voranzuschreiten. Er wollte in diesem Stall bleiben. Die Luft war erfüllt vom Duft nach Pferd; Eriks Körper war entspannt wie seit Wochen nicht mehr.

Doch leider ging auch diese Reitstunde irgendwann einmal zu Ende, aber in Eriks Leben sollte sie etwas verändern. Die Reiterinnen und Reiter verließen nach und nach die Halle. Nur das blonde Mädchen, das Erik angelächelt hatte, blieb. Pferdepflegerin Sandra stellte sie Erik als Maren vor. Sie war also die Freundin, die ihm Sandra hatte vorstellen wollen. In Eriks Kopf schienen die Gedanken Purzelbäume zu schlagen. Was, wenn sie sein Lächeln gesehen hatte, oder sie gesehen hatte, dass er weinte? Doch bevor Erik sich allzu viele Gedanken hatte machen können, sprach Maren schon mit ihm. Über das Reiten, über das Wetter und schließlich über Eriks Kummer.

Er erzählte Maren alles. Von der Wunde, davon, dass er

den Eindruck hätte, dass seine Eltern sich verändert hätten und auch davon, wie wütend Erik auf seine Eltern geworden war, als sie ihm nicht helfen wollten, Felix zu besuchen. Maren hörte ihm unglaublich geduldig zu. Sie war sanft und einfühlsam, erzählte Erik, dass sie ähnliche Situationen durchlebt hatte und das auch sie dabei ähnlich intensive und turbulente Gefühle hatte. Erik spürte plötzlich, dass es ihm warm geworden war. Da war jemand, der ihn verstand, etwas, was er schon fast nicht mehr für möglich hielt.

Die Zeit verging wie im Fluge. Wie lange sie gesprochen hatten, sollte Erik erst im Auto realisieren. Der Grund, der das Gespräch beendete, war die unangenehme Kälte gewesen, die allen in die Glieder kroch. Als sich Maren dann auch noch mit den Worten: „Pass auf dich auf" von ihm verabschiedete, spürte er plötzlich das Bedürfnis, Maren zu umarmen. Er hätte sie am liebsten einfach festgehalten, so dankbar war er ihr für das Gespräch gewesen. Er hatte wieder Kraft geschöpft. Doch zu der Umarmung, die Erik sich gewünscht hatte, kam es nicht mehr. Maren gab ihm noch ihre Handynummer und ging.

Auf dem Rückweg fühlte er nichts außer Erschöpfung, Befreiung und Glück. Im Auto bekamen Erik und sein Zivildienstleistender erst einmal einen Schock. Seit sie die Reithalle betreten hatten, waren viereinhalb Stunden vergangen. Erik begann bereits zu diesem Zeitpunkt zu ahnen, dass seine Lüge auffliegen würde, aber das Erlebnis war es ihm wert gewesen.

Doch als die beiden zu Hause ankamen, passierte erst einmal nichts.

Der Zivildienstleistende und Erik berichteten von dem Kurs, der so unerwartet lange gedauert hatte. Es habe eine Aufgabe für die Gruppe gegeben und man habe sich in der gesamten Gruppe dazu entschieden, diese sofort zu erledigen. Dann verabschiedete sich Eriks Helfer bis zum nächsten Morgen. Selbst beim Abendessen in Eriks Familie passierte nichts, was darauf hingedeutet hätte, dass dieser Nachmittag auf irgendwen beunruhigend gewirkt hätte. Im Gegenteil: Die Kommunikation am Tisch war mehr und vielfältiger als sonst in letzter Zeit gewesen und das Thema „Wunde" wurde keine Minute angesprochen. Erik hatte fast den Eindruck, als hätte seine Abwesenheit nicht nur ihm, sondern der gesamten Familie gutgetan. Darüber freute er sich außerordentlich. Als dann auch noch das „Gute-Nacht-Ritual" herzlicher ausfiel, als dies in den letzten Wochen oder gar Monaten der Fall gewesen war, dachte Erik bei sich, dass dies doch ein perfekter Tag war und schlief glücklich und sehr tief ein. Er träumte sogar von den Pferden.

Als Erik am nächsten Morgen aufwachte, fühlte er sich so erholt wie lange nicht und er hatte auch die Kraft, die morgendliche Wundversorgung einfach geschehen zu lassen, ohne das ihm alle möglichen Gedanken durch den Kopf schossen. Er war ausgeruht, „sortiert" und wieder ein Stück mehr bei sich selbst, das spürte Erik in jeder Faser seines Körpers. Dieser „Morgen danach" war genau der Moment, in dem Erik die erste von zwei Tatsachen begriff.

Felix, oder auch nur das Zusammensein mit Pferden, war für ihn mehr als „nur" eine Therapie. Dieses Pferd war für ihn ein Partner geworden, ein Lebewesen, das bereit war, sich unabhängig von Eriks erbrachten Leistungen und seiner Behinderung auf ihn einzulassen. Felix gab ihm viel und war aber auch bereit, das anzunehmen, was Erik ihm gab. Streicheln, eine Futterbelohnung nach „getaner Arbeit". Dieser Tag in der Reithalle und der Morgen danach brachten Erik die Erkenntnis. Die positiven Gefühle, die er mit Felix assoziierte, die ihn aber offenbar auch ganz allgemein bei Pferden ereilten, waren in Wahrheit das Symbol und eine Ausdrucksform für etwas, was Erik nie zuvor gekannt hatte oder sich wenigstens nie eingestehen wollte. Die Sehnsucht nach einer Partnerschaft!

Erik hatte schon ein paar Mal zuvor gespürt, wie sehr er seinen vierbeinigen Freund vermisste. Er sehnte sich nach seinem Fell, danach, ihn berühren zu dürfen, aber auch danach, seine Sprache zu lernen und vielleicht einen Weg zu finden, Felix sagen zu können, wie sehr er ihn vermisste. Warum es so war, das begriff Erik in der Tat erst jetzt. Wie er Felix all das hätte begreiflich machen können, wusste er nicht und es wäre auch seltsam gewesen. Schließlich war Felix ein Pferd und Erik ein Mensch. Dennoch war er davon überzeugt, dass das Tier ihn verstehen würde. Zwar wohl nicht in der Tiefe und schon gar nicht die Worte, die er wählen würde, aber Felix würde ihn auf einer anderen Ebene verstehen, einer Ebene, die tiefer und intensiver berührte als die meisten Worte. Nun war Erik klar, dass er den Kontakt zu den Pferden nie wieder verlieren wollte. Doch weil Erik eben ein Mensch war, entschied er sich dazu, drei Dinge zu tun.

Mit diesem Tag begann er Sachbücher über Pferdeverhalten zu lesen, die er fast sammelt. Es mag einem seltsam vorkommen und manchmal glaubt Erik auch selbst, dass er fast besessen ist, aber für ihn schien genau das der Weg zu sein, mit den Tieren in Verbindung zu bleiben. So konnte er zudem etwas über die Tiere lernen und sie besser verstehen. Je mehr er las, umso mehr glaubte er verstehen zu können, was Felix ihm gegeben hatte und wie konzentriert das Pferd seine Aufgabe während Eriks Therapiestunde wahrnahm. Es machte die Dankbarkeit, die Erik gegenüber Felix empfand, noch intensiver und es vertiefte gleichzeitig das Gefühl, dass die Reittherapie etwas sehr Besonderes war. Eine Art Schatz für Erik, den nur er so empfinden konnte. Aus diesen Überlegungen entstanden drei Ideen, die Erik dann auch in die Tat umsetzte.

Die erste Idee war, den Pferden und der Reittherapie Platz auf Eriks Webseite im Internet einzuräumen. Das hatten sich Felix und all die anderen Therapiepferde, die Menschen auf diese Weise guttaten, auch wirklich verdient. Der zweite große Wunsch Eriks war es, das, was er für Felix empfand, in Worte zu fassen. Da er damals noch nicht einmal im Traum daran gedacht hatte, dieses Buch zu schreiben, entschied er sich dafür, Felix ein Gedicht zu widmen und weil er die englische Sprache für das, was er ausdrücken wollte, geeigneter fand, schrieb er es auf Englisch. Erik fand das aber so gelungen, dass er mir auch dieses Gedicht zur Verfügung stellte, um es auf der folgenden Seite zu platzieren. Der dritte große Wunsch, der aus all dem entstanden war, war Pferde und ihr Verhalten besser zu verstehen. Auch diesen Wunsch konnte sich Erik erfüllen und zwar auf zweierlei Arten. Zum ersten entschied er sich dafür, regelmäßig auf Pferdesportveranstaltungen in der Nähe zu gehen; eine „Tradition", die er bis heute leidenschaft-

tlich pflegt. Zum Zweiten hatte Erik in einer Internetrecherche eine Verhaltensbiologin ausfindig gemacht, die in der nächstgrößeren Stadt Kurse zu Pferdeverhalten anbot. Erik besuchte zwei ihrer Kurse und war so begeistert, dass er mit ihr regelmäßig im Mailkontakt blieb. Nun träumt er davon, dass ein Kurs, in dem es um eine mehrtägige Verhaltensbeobachtung einer Pferdeherde gehen soll, doch noch zustande kommt.
Zum Abschluss des Pferdeteils hier das Gedicht für Felix:

Ode to a Horse

Felix, what a beautiful name,
Latin for the Lucky
Who is the lucky one of us?
Me, you, both or neither

Funny, isn't it?
We see once a week, if that,
speak different languages
and yet, walking with you
touching your skin,
touches my heart and eases my pain

You mean so much to me and I feel so close to you
The link between us is a very special friendship,
You are different, of course
Never forget, you are a horse!

You expect nothing, that one can reject,
To be treated fair and with respect
That's all you ask for. Not 110 percent,
As humans tend to do.
Not the perfect match to start a relationship,
As humans seem to do
I miss you! I miss you!

Aber Eriks heftiger denn je aufflammende Zuneigung zu Pferden war nicht die einzige „Nachwirkung" dieses so wunderbaren Nachmittags in der Reithalle geblieben. In den folgenden Tagen schrieb Maren Erik regelmäßig SMS und erkundigte sich nach seinem Befinden. Erik war geradezu gerührt darüber und schrieb sehr ehrlich und regelmäßig zurück.

Dann, wenige Tage nachdem die erste SMS von Maren gekommen war, trug sich etwas zu, mit dem er nicht gerechnet hatte. Ein ehemaliger Arbeitskollege von Eriks Vater wollte mit beiden Familien essen gehen. Es war ein harmonischer Abend, doch wie der Zufall es wollte, kam das Gespräch auf den Tag, als Erik so lange hatte in der Uni bleiben müssen und Erik beging einen Fehler. Er erwähnte aus Versehen Felix. Jeder Versuch, das zu korrigieren, scheiterte kläglich. Seine Lüge war aufgeflogen. Also konnte er auch gleich die Flucht nach vorn antreten und die Wahrheit sagen. Er war irgendwo auch froh, dass es jetzt heraus war und er nicht weiter lügen musste. Doch, was sich aus dieser Situation ergab, übertraf selbst Eriks schlimmste Befürchtungen bei Weitem.

Zwar verlief der gemeinsame Abend mit dem ehemaligen Arbeitskollegen bis zum Schluss harmonisch, aber erste Veränderungen deuteten sich bereits an, als Erik ins Bett ging. An diesem Abend wünschte ihm zum ersten Mal niemand eine „Gute Nacht". Zunächst konnte Erik das noch verstehen. Er dachte, seine Eltern wären einfach nur sauer und traurig darüber gewesen, dass er sie angelogen hatte. Doch bereits der nächste Tag ließ Erik erahnen, dass es mehr gewesen sein musste und das sein Ausflug offenbar größere Verstimmungen zwischen ihm und seiner Mutter verursacht hatte. Zwar wurde die notwendige Pflege Eriks nach wie vor durch seine Mutter übernommen, aber es wirkte alles sehr viel professioneller, sehr viel distanzierter. War er anfangs nur darüber enttäuscht, dass seine Wunde so omnipräsent gewesen war und das er ihretwegen unnötig intensiv an das erinnert worden war, was seine Behinderung an körperlichen Einschränkungen mit sich brachte, so glaubte er nun zu spüren, dass viel von der Herzlichkeit, Hingabe und Sanftheit, mit der seine Mutter ihn versorgt hatte, verschwunden war. Aber auch das schob er zunächst noch auf die Wut seiner Mutter über den eigenmächtigen Ausflug. Wie gesagt, er verstand es.

Erik hatte aber auch geglaubt und gehofft, dass seine Mutter ihn verstehen würde und dass sie vielleicht sogar irgendwo froh war. Sie musste doch auch irgendwo gespürt haben, wie viel Erik dieser Ausflug bedeutet hatte. Schließlich hatte er sie viele Male gefragt, ob sie mitkäme. Außerdem musste ihr doch ein Stein vom Herzen fallen, oder? Schließlich hatte Erik, auf den seine Mutter hoffentlich trotz allem immer noch ein bisschen stolz war, ihr doch gerade gezeigt, dass er auch nicht so abhängig von ihr sein musste. Hätte das nicht für sie auch neue Freiräume schaffen können? Erik ahnte zwar, dass Eltern schwer loslassen können, aber, dass dieses Loslassen nun schon bei so kleinen Ereignissen zu beginnen schien, das überraschte ihn doch sehr.

Schließlich hatte er während seiner Schulzeit alle Klassenfahrten und sogar die große Abschlussfahrt mit dem Leistungskurs ins Ausland ohne seine Eltern mitgemacht und stets war er wohlbehalten und glücklich zurückgekehrt.

Und nun sollte eine Reithalle, die eine knappe Autostunde entfernt lag und die er für völlig unbedenklich hielt, all das ausgelöst haben? Das konnte er sich einfach nicht vorstellen. Die Spannungen zwischen ihm und seiner Mutter blieben jedoch bestehen. Mehr noch: Am Tag, nachdem er gestanden hatte, dass er nicht in der Uni, sondern in der Reithalle war, konnte sich Erik nicht daran erinnern, dass seine Mutter und er überhaupt ein Wort miteinander gesprochen hätten.

Die Kommunikation zwischen ihm und seiner Mutter blieb über Tage auf das Notwendigste beschränkt, wobei das offenkundig weder „Gute Nacht" noch „Guten Morgen" einschloss. Hatte Erik am Anfang noch versucht, die Konversation durch diese beiden Höflichkeiten wieder in Gang zu bringen, so gab er es nach einer Woche entnervt auf.

Da empfand Erik es geradezu als Wohltat, dass Maren sich nahezu täglich nach seinem Befinden erkundigte. Er hatte in den letzten Tagen oft an das Mädchen auf dem Pferd denken müssen. Ja, er mochte ihre Haare, ja, er mochte weiße Reithosen und immer wieder ertappte sich Erik dabei, wie er an ihr Lächeln und - auch das musste er sich verschämt eingestehen - ihren Po gedacht hatte. Doch spätestens an diesem Punkt fragte sich Erik, in welch verrückten Dimensionen er gerade dachte. In den SMS- Mitteilungen schrieb er natürlich von all dem nichts. Er schrieb nur wenig von dem, was zu Hause passierte und beschönigte die Situation, in dem er sagte, es gehe ihm besser. Nach einer gewissen Zeit passierten wieder zwei Dinge nahezu zeitgleich. Ob das ein paar Tage oder schon über eine Woche nach dem gemeinsamen Abendessen mit dem Arbeits-

kollegen seines Vaters war, das konnte Erik nicht sagen. Zu diesem Zeitpunkt schien es ihm, als habe er jegliches Zeitgefühl verloren. Eines Tages jedenfalls brach Eriks Mutter ihr Schweigen völlig unerwartet. Doch was sie zu sagen hatte, war für Erik unfassbar gewesen. Nicht nur, dass sie ihm Vorwürfe machte, weil er gelogen hatte. Nein, in der Reithalle hätte sich Erik schwer erkälten oder sonst irgendwie krank werden können. Außerdem habe seine Mutter schon seit längerem den Eindruck gehabt, dass man Erik in der Reittherapie „verdreht" hatte. Wer das getan hätte, wüsste sie zwar nicht, aber es müsse wohl so sein. Anders könne sie sich nicht erklären, was Erik das Reiten bedeute.
All das klang in Eriks Ohren derart absurd, dass er kaum wusste, was er antworten sollte. Von der Ungläubigkeit, die in ihm aufstieg, ganz zu schweigen. Erik wollte das seiner Mutter aber nicht zeigen. Also versuchte Erik, ihr wenigstens den Teil zu beantworten, den er ihr beantworten konnte. Was ihm das Reiten bedeutete. Je mehr er versuchte, seiner Mutter zu erklären, umso weniger schien sie zu verstehen. Als Therapie hatte seine Mutter ja verstanden, was das Reiten hatte bewirken sollen. Aber, dass es für Erik mehr geworden war als eine Therapie, das konnte er ihr nicht vermitteln. Die Art, wie seine Mutter und er miteinander sprachen, war in Eriks Erinnerung mit zunehmender Dauer ebenfalls immer unversöhnlicher geworden.

Plötzlich erschien ihm so Vieles in einem ganz anderen Licht. Sein Vater hatte während Eriks Reitstunden immer gelesen, seine Mutter nur am Anfang hingesehen. Später hatte auch sie etwas anderes gemacht. Während der beiden besten Reitstunden, die Erik mit Felix erlebt hatte, waren seine Eltern draußen gewesen. Zugegeben, es waren heiße, wunderschöne Sommertage gewesen. In jeder Hinsicht außergewöhnliche Tage. Erik und Felix schienen durch die Halle zu schweben und das Pferd schien ihm sogar so sehr zu vertrauen, dass Felix zwei Mal unter ihm gepinkelt hatte. Etwas, was als Vertrauensbeweis zwischen Reiter und Pferd zu bewerten war, wie Erik gelernt hatte. Gerade weil diese beiden Reitstunden so außergewöhnlich waren, hatte Erik der Abwesenheit seiner Eltern nicht viel Bedeutung beigemessen. Auch, wenn er es schade gefunden hatte, dass seine Eltern Eriks Leichtigkeit und Glück nicht hatten sehen können. Das waren zwar Empfindungen, die er bei jeder Reitstunde wahrnahm, während der beiden Sommerstunden hatte er sie aber intensiver gespürt als üblich. Im Lichte der aktuellen Erkenntnisse fragte sich Erik allerdings, ob sich seine Eltern überhaupt für das interessierten, was sie dort hätten sehen können. Das erschien ihm so unglaublich. Allein, dass er das Interesse seiner Eltern an seinem Therapiefortschritt in Zweifel zog, erschien ihm beinahe wie ein Verrat. Trotzdem war selbst für Erik nicht zu leugnen, dass sich seine Eltern seltsam verhielten.

Erik entschied sich, etwas zu tun. Er schrieb Maren eine SMS, ob es möglich wäre, dass sie noch einmal redeten. Er bat allerdings darum, dass der Termin mit etwas Vorlaufzeit gewählt würde, da er erneut seinen Zivildienstleistenden um die Begleitung bitten wollte. Maren sagte umgehend zu. Als Ort wurde diesmal nicht die Reithalle, sondern ein anderer Reiterhof ausgewählt. Sandra sollte auch dort sein. Nachdem auch der Zivi zugesagt hatte, stand dem Treffen drei Tage später nichts mehr entgegen. Erik berichtete erneut ausführlich, ohne etwas auszulassen und erneut spürte er dieses

Gefühl von Erleichterung. Mehr noch. Er fühlte sich wieder wohl und verstand die Vorbehalte, die zu Hause noch immer unverändert geäußert wurden, inzwischen überhaupt nicht mehr. Auch dieses Gespräch dauerte, war aber genauso geduldig und herzlich verlaufen wie das erste. Bereits auf der Rückfahrt fasste Erik einen Entschluss. Er wollte sich bei Maren bedanken und zwar mit mehr als einem schlichten Wort. Also rief er Sandra an und fragte, wie er dies am besten täte. Diese empfahl ihm, Maren einen Brief zu schreiben und ihn ihr beim alljährlichen Weihnachtsreiten zu übergeben. Erik war froh, dass Sandra das Weihnachtsreiten erwähnt hatte. Es sollte in den nächsten Tagen stattfinden. Also schrieb er den Brief an Maren. Ohne viel nachzudenken und einfach ehrlich schrieb er ihr von der Dankbarkeit, die er ihr gegenüber empfand. Davon, dass sie ihm guttäte und wie sehr er es schätzte, dass sie regelmäßig fragte, wie es ihm ginge. Zum Dank dafür würde er sie gern ins Kino einladen und natürlich dürfte sie auch etwas trinken.

Leider konnte Erik nicht zum Weihnachtsreiten, weil seine Eltern genau an dem Tag eine Einladung zum Geburtstag in einem anderen Bundesland hatten. Er wäre am liebsten nicht mitgefahren. Schließlich kannte er dort vermutlich niemanden. Selbst das „Geburtstagskind", das an diesem Tag immerhin schon sechzig Jahre alt werden sollte, hatte er in seiner Erinnerung höchstens zwei oder drei Mal gesehen. Zum ersten Mal in seinem Leben spürte er, dass er unbedingt etwas anderes machen wollte, als seine Eltern. Erik hatte keine Lust auf diesen Geburtstag. Er wollte viel lieber bei den Pferden sein und bei heißem Kakao und Kuchen mit Maren und den anderen Reitern sprechen. Dort hätte er Maren dann auch den Brief übergeben können. Aber, was immer Erik auch versuchte seinen Eltern zu erklären, es half nichts. Er würde auf diesen Geburtstag müssen. Also entschied sich Erik - diesmal ohne Voranmeldung - in der Woche vor dem Weihnachtsreiten zu Marens Reitstunde zu fahren und ihr den Brief dort zu geben.

Die Geburtstagsparty erwies sich tatsächlich als so aufregend wie Erik befürchtet hatte. Seine Eltern fanden noch einigermaßen Anschluss, aber Erik fühlte sich falsch am Platz. Er gehörte dort nicht hin. Er war zu jung für diesen Ort. Wie seltsam, hatte er gedacht, dass ihm gerade das jetzt durch den Kopf ging, aber so war es. Mitten in seine Überlegungen, dass ihm diese Party viel zu wenig eine Party war und wie unwohl er sich dort fühlte, piepste sein Handy, um Erik anzuzeigen, dass er eine SMS erhalten hatte.

Normalerweise war Erik niemand, der sich dem Handydiktat unterwarf und jede Kurzmittelung sofort lesen musste. Aber da ihm eh langweilig war, konnte er ebenso gut gleich nachsehen. Dazu brauchte er allerdings einige Überredungskunst, denn man musste ihm das Handy ja reichen. Es war Maren, die eine Nachricht geschickt hatte. Das Weihnachtsreiten wäre schön gewesen, aber sie müssten unbedingt miteinander reden. Intuitiv spürte Erik, dass es etwas mit dem Brief zu tun haben musste, wahrscheinlich war er zu ehrlich gewesen. Er hatte Maren damit eine Freude machen wollen, nicht mehr und nicht weniger. Was war geschehen? Ängstlich schrieb Erik zurück, dass er übermorgen für über eine Stunde allein sei und dass man dann telefonieren könne. Gleichzeitig dachte Erik noch, dass er sich, just in dem Moment als Maren das Weihnachtsreiten genoss und er so gerne bei ihr gewesen wäre, zum ersten Mal in einer Situation befand, in der ihn seine Behinderung davon abhielt, sein Leben so zu gestalten, wie Erik es sich wünschte. Ein wahrhaft beschissener Gedanke und ein eben solches Gefühl!

Die nächsten zwei Tage schlief Erik sehr schlecht. Als endlich das Telefon klingelte wusste Erik, dass Maren am anderen Ende der Leitung sein würde. Es musste etwas passiert sein, was sie sehr beschäftigte. Die Wärme, die er in den Gesprächen mit ihr als so angenehm empfunden hatte, schien komplett aus ihrer Stimme verschwunden. Stattdessen begrüßte sie ihn mit der knappen Frage: „Hast du dich in mich verliebt?" Im ersten Moment musste sich Erik beherrschen, nicht laut loszulachen. Wovon redete Maren? Doch ihm gelang es mit großer Anstrengung sich zusammenzureißen. Natürlich habe er sich nicht verliebt. Er habe Maren nur mitteilen wollen, wie gut sie ihm tat und dass sie eben in dieser Situation ein wichtiger Mensch für ihn gewesen war. Das Telefonat dauerte und erst nach und nach schien Marens Anspannung zu weichen. Nach über einer Stunde Telefonat sagte Maren, dass sie es besser fände, wenn Erik und sie nur Freunde blieben. Dann verabschiedeten sie sich. Erik konnte sich nicht erinnern, jemals in seinem Leben so lange mit jemandem telefoniert zu haben. Und was war das überhaupt für ein komisches Gespräch gewesen? Da war von Liebe, von Gefühlen gesprochen worden. Was war das überhaupt? Die Tatsache, dass es zwischen Jungen und Mädchen - in diesen Kategorien dachte Erik damals tatsächlich noch - etwas anderes gab als Freundschaft, schien für ihn in einer fremden Galaxie verborgen.

Und überhaupt: Wie absurd war denn diese Idee gewesen? Er saß im Rollstuhl. Er wusste doch, dass er kein Junge war, von dem die Mädchen etwas wollten. Wieder fühlte er zwei Dinge in derselben Sekunde. Er fühlte, dass er eine Wahrheit gesagt hatte, aber dass diese Wahrheit so sehr schmerzte, dass es unerträglich war. Er wollte etwas von einem Mädchen, das wusste Erik jetzt. Damit hatte er sich entschieden zu kämpfen, aber er hatte keine Vorstellung davon, wie schwer dieser Kampf werden würde.

Die erste wichtige Entscheidung

Die nächsten Tage waren für Erik mehr als verwirrend. Was war nur los mit ihm? Seit Wochen dachte er daran, wie es wohl wäre, wenn ein Mädchen in seinem Leben eine Rolle spielen würde. Die einzige Frau in Eriks Leben war seine Mutter. Und, wie wollte er sich denn bitte dieses Paradoxon erklären? Seine Mutter distanzierte sich - zumindest in Eriks Wahrnehmung - immer weiter von ihm und er empfand tiefen Kummer darüber. Trotzdem schien es ihm, als dachte er, immer wenn es ihm schlecht ging, unwillkürlich und automatisch an eine Frau, die nicht seine Mutter war. Wenigstens das hatte Erik schon mal eingesehen und akzeptiert, allerdings erst, nachdem er einen weiteren Test durchführte.

Da ihn die Gedanken regelmäßig bei der Wundversorgung überkamen, nahm Erik sich vor, bei der nächsten Situation dieser Art alle Gedanken zuzulassen, außer eben den an eine Frau. Es dauerte gerade einmal ein paar Stunden, bis er in eine solche Situation kommen sollte. Doch, so sehr er sich auch bemühte, nicht an eine Frau zu denken, der Gedanke ließ sich nicht unterdrücken. Im Gegenteil: Ihm schien es, als wolle dieser Gedanke mit Macht an die Oberfläche. Je mehr Erik sich wehrte, umso heftiger schien sich auch der Gedanke gegen seine Unterdrückung zu wehren. Also akzeptierte Erik, dass er diesen Gedanken nicht länger aus seinem Leben aussperren konnte. Ob er offen darüber reden wollte und mit wem er es würde tun können, war eine ganz andere Sache.

Was war das mit Maren gewesen? Erik erschien Liebe nach wie vor das falsche Wort dafür. Aber, wie konnte er das wissen? Schließlich hatte er sich noch nie verliebt, oder? Hatte Maren Recht, wenn sie seinen Brief als Liebesbrief ansah? Fragen über Fragen, die in Eriks Kopf ein ziemliches Durcheinander anrichteten. Zudem - und das hatte selbst Erik erkannt - war mit Maren vieles anders gewesen. Er hatte Dinge anders wahrgenommen, auf andere Dinge geachtet. Schließlich lächelte jeder Mensch, jeder Mensch trug eine Frisur und jeder Mensch hatte einen Po, oder? Aber bei Maren war das alles auffallend schön gewesen. Es passte einfach zusammen. Was Erik aber immer noch nicht verstand war, warum er sich über all das überhaupt Gedanken machte. Die einzig einleuchtende Erklärung für ihn war, dass er gerade seinen ersten Korb bekommen hatte ohne verliebt zu sein. Gehörte das nicht andersherum? Musste man nicht erst verliebt sein, um dann einen Korb zu bekommen? Erik verstand (noch) fast nichts von Liebe, aber soweit hatte selbst er geglaubt, dieses „seltsame Spiel" begriffen zu haben. Immerhin hatte die vertauschte Reihenfolge aber einen eindeutigen Vorteil gegenüber der korrekten oder doch zumindest üblichen Variante. Man war nicht so verletzt, wenn die Gefühle nicht erwidert wurden: Zumindest glaubte Erik das.

Damit ihm diese Fragen den Kopf nicht vollends zermarterten, hatte Erik sich entschieden, den Brief, den er Maren geschrieben hatte, noch einmal zu lesen. Das erneute Lesen des Briefes öffnete dem jungen Mann die Augen. Erik hatte wirklich Neuland betreten.
Immer wieder las er den Brief, weil er kaum glauben konnte, was er selbst geschrieben hatte. Sowohl er als auch Maren hatten Recht gehabt. Vergaß man für die Dauer dieses Briefes den Umstand, dass Jungen und Mädchen mehr sein konnten als Freunde, so war dieser

Brief nichts anderes, als ein über drei Seiten oder mehr ausgebreitetes Dankeschön.

Danke, dass du mir zugehört hast. Danke, dass du dich nach meinem Befinden erkundigst. Danke dass wir das Reiten als gemeinsames Hobby haben, so versteht wenigstens einer meine Leidenschaft. Diese Reihe ließe sich noch um mehrere ähnliche Aufzählungspunkte ergänzen, aber ich soll mich an dieser Stelle auf Eriks Wunsch auf diejenigen beschränken, die für den weiteren Verlauf dieser Erzählung von Bedeutung sind. Das wäre hiermit geschehen. Akzeptierte man aber die Annahme, dass es Liebe - was immer das sein mochte - gab, so musste selbst Erik allerspätestens nach dem dritten Lesen zugeben, dass auch Maren gute Gründe für ihre Annahme gehabt hatte. Es war fast so, als hätte da jemand einen Liebesbrief geschrieben und aus irgendwelchen Gründen vergessen, dieses so wichtige und entscheidende Wort mit den fünf Buchstaben zu erwähnen.

Erik musste sich noch einiges selbst eingestehen: Erstens war der Brief an Maren sicher der erste Text gewesen, den Erik nur mit dem Herzen und ohne jede Überlegung geschrieben hatte. Gerade dieser Umstand hatte den Brief so warm, aber auch so ehrlich und wahr klingen lassen. Zweitens hätte Erik Maren gern ins Kino eingeladen, um sie besser kennenzulernen und er war traurig darüber, dass er nun keine Zeit mehr mit Maren verbringen konnte. Die dritte Erkenntnis traf ihn in Form einer Frage, auf die es nur eine ehrliche Antwort gab. Die Frage lautete: Hätte er etwas dagegen gehabt, wenn er und Maren sich berührt oder geküsst hätten? Die Antwort war Nein. Er hätte sich nicht gewehrt und wenn er hundertprozentig ehrlich war, so musste er sich eingestehen, dass es irgendwo in seinem Herzen eine Ecke gab, die sich genau das gewünscht hatte. Vielleicht war es sogar genau diese Ecke, die ihn den Kinobesuch hatte vorschlagen lassen. Er musste sich eingestehen, dass zum ersten Mal wirklich vieles dafürsprach, dass er für Maren etwas Anderes empfunden hatte, als er es bisher kannte. Jedenfalls hätte es diese Möglichkeit von seiner Seite aus gegeben, doch sie hatte ja schon nein gesagt, bevor ihm diese Frage in den Sinn gekommen war. Wenn er nun aber für sich festgestellt hatte, dass auch er eine Frau an seiner Seite wollte und auch zugab, dass er ein ausgeprägtes Interesse verspürte, einen Frauenkörper zu berühren, dann musste er etwas dafür tun. So viel stand nun mal unumstößlich fest. Seltsamerweise konnte Erik diese Tatsache viel schneller für sich akzeptieren, als die Tatsache, dass er sein Interesse am weiblichen Geschlecht überhaupt entdeckt hatte.

Viele Leser werden sich nun sicher fragen: Moment, Erik entdeckt das weibliche Geschlecht erst mit fünfundzwanzig Jahren? Ist dafür nicht eigentlich eine andere Lebensphase vorgesehen, die viele Jahre vorher beginnt und manche Eltern an den Rand eines Nervenzusammenbruchs bringt?
Diese Frage habe ich ihm auch gestellt. Eriks Antwort war ehrlich. „Klar, normalerweise erwacht das alles in der Pubertät. Aber da musste ich erst einmal ein paar andere Tatsachen verdauen, zum Beispiel, dass ich nie Fußball spielen würde oder dass ich in ganz viele Gebäude nicht reinkam, von denen mir Freunde erzählt hatten. Da war kein Platz mehr für Mädchen." Im weiteren Verlauf ergänzte Erik noch, dass es zwar auch

damals ab und an Anzeichen für erwachendes Interesse am anderen Geschlecht oder der eigenen Sexualität gegeben habe, aber er diese nicht erkannt hätte und leider nicht mit ihm darüber gesprochen wurde.

Als er siebzehn Jahre alt war beispielsweise, erinnerte sich Erik, habe er einmal unter der Dusche auf seinem Badewannenlifter gesessen und plötzlich gemerkt, dass er dringend musste. Es kam ihm vor, als hätte er den ganzen Tag noch nicht gepinkelt. Also bat er seine Mutter, kurz draußen zu warten. Erik erleichterte sich und begann, als er fertig war, sich selbst zu berühren. Ehe er sich versah, war sein Penis zu beträchtlicher Größe angewachsen. Doch anstatt aufzuhören machte er weiter und wenige Sekunden später sah er ein weißes, zähes Zeug. Was das war habe er damals nicht gewusst und auch nie erfahren. Oder, als er achtzehn war, da gab es Nele. Sie war zusammen mit Erik im Deutsch-Leistungskurs und zwischen ihnen entwickelte sich ein regelrechter Wettstreit, wer denn nun den besseren Aufsatz schrieb. Erik lächelte bei dem Gedanken an Nele. Er erzählte sofort von ihr. Wie sehr er ihre Sprache gemocht hatte, ihr Lächeln, ihre Augen und ihre lockigen schwarzen Haare. Plötzlich fing er lauthals an zu lachen. Ich fragte ihn, woran er gerade dachte und Erik erzählte mir die folgende Anekdote: „Es war auf der Kursfahrt. Wir hatten einen Abend frei und ich war mit zwei meiner Freunde und weiteren Jungs zum Kartenspielen verabredet. So saßen wir nun alle in diesem kleinen Zimmer. Wir spielten eine ganze Weile Karten und dann kam einer der Jungs auf die Idee, doch mal eine Top Ten der Mädels in unserem Jahrgang zu erstellen. „Mädchen bewerten" nannten sie das Spiel, glaube ich. Die Liste, die wir uns aufstellten, hatte eine ziemliche Länge und die Jungs hatten guten Geschmack bewiesen, das muss ich sagen." Erik erzählte mir, dass er die meisten Mädchen gekannt hatte und wirklich mochte. Nele stand natürlich auch auf der Liste. Das Bewertungssystem sollte von eins bis zehn gehen und als Erik Nele in allen Kategorien einen Punkt mehr gab als allen anderen, fragten ihn drei Jungs wie aus einem Mund, ob er sich verknallt hätte. Erik erinnerte sich daran, wie peinlich ihm diese direkte Frage der Jungs gewesen war. Er musste wahrscheinlich knallrot angelaufen sein und antwortete zögerlich mit einem vielsagenden „Vielleicht". Darauf offenbarte ihm einer der anwesenden Jungs, dass er sie sich besser aus dem Kopf schlage, denn Nele sei schon vergeben. Erik antwortete, dass ihm das nichts mache. Doch die Vehemenz, mit der er die Richtigkeit dieser Aussage innerlich zur Unmöglichkeit erklärt hatte, hätte ihn zumindest ahnen lassen müssen, dass die Jungs mit ihrer Vermutung zumindest nicht ganz falsch lagen. Wenige Wochen später sah Erik die beiden dann tatsächlich zusammen. Allerspätestens bei dem Gedanken, der ihm da durch den Kopf ging, hätte Erik klar werden müssen, dass er sich veränderte. „Was mag sie an diesem Typen?" Diese Frage war das erste, was Erik in den Sinn kam, gefolgt von einem leicht flauen Gefühl in der Magengegend, als er sah, wie Nele und ihr offensichtlicher Freund miteinander knutschten. Doch anstatt zu realisieren, dass er dabei war, zum Mann zu werden und weiter zu suchen, erzählt Erik weiter, habe er sich die ganze Sache mit den Mädchen aus dem Kopf geschlagen. Es war, als quälten ihn die Fragen danach, was er einer Frau zu bieten habe und was er ihr geben könne, einfach zu sehr, um sich ihrer Beantwortung zu stellen. Bis eben zu dem Tag, wo er auf der Behandlungsliege lag, dem Tag, den er halb nackt im Garten verbringen musste und dem Tag in der Reithalle.

Zwar beschäftigten ihn die eben erwähnten Fragen auch jetzt, aber zwei Dinge waren entscheidend anders: Erstens erschien es ihm, als käme der Wunsch, dessen Bilder sich Erik nicht anders, aber doch intensiver ausmalte als vor all den Jahren, diesmal aus einer anderen Stelle des Körpers, irgendwie tiefer aus der Seele als damals. Erik glaubte zudem, dass er dadurch auch besser in der Lage war, die vielleicht unangenehmen Antworten auf diese quälenden Fragen zu ertragen. Hinzu kam noch etwas: Im Gegensatz zu den Situationen damals ließ sich der Wunsch nicht mehr mit Worten oder Bildern zurückdrängen. Bei Nele hatte es gereicht, dass Erik mit angesehen hatte, wie sie einen anderen Jungen küsste. Der Wunsch war danach auf Jahre verstummt. Nun hatte Maren ihm einen zwar freundlichen, aber dennoch bestimmten und endgültigen Korb gegeben. Diesmal war der Wunsch geblieben, manchmal erschien es Erik sogar, als habe seine Sehnsucht sich verstärkt. Falls Erik dies so akzeptierte - und die hier beschriebenen Ereignisse ließen ihm gar keine andere Wahl, als das zu tun - so brachte dies Erik erneut in eine schwer auflösbare Situation.

Wem sollte er anvertrauen, dass er auf Brautschau gehen wollte und dass auch er sich danach sehnte, einem Mädchen zeigen zu dürfen, wie romantisch er sein konnte? Seinen Eltern jedenfalls nicht, das war sicher. Warum er sich dessen so sicher war, wusste er nicht, aber nach den letzten Wochen schien es ihm unmöglich, mit seinen Eltern darüber zu sprechen. Wen konnte er aber dann ins Vertrauen ziehen? Seinen Zivildienstleistenden, mit dem er auch im Reitstall war?

Sicher wäre das möglich gewesen. Die Art, wie der Zivildienstleistende Erik bei dem Besuch im Reitstall unterstützt hatte und auch danach nichts verraten hatte, schien es Erik möglich zu machen, ihm zu vertrauen. Aber was nützte es Erik? Der Zivi, wie er sagte, hatte nur noch wenige Wochen Dienstzeit. Und die Sache mit Maren hatte sich ja erledigt.

Oder Georg? Georg war ohne Zweifel Eriks bester Freund. Sie kannten sich zu diesem Zeitpunkt bereits etwa zehn Jahre, hatten sich viele Jahre fast wöchentlich gesehen, teilten viele Interessen. Aber irgendwas hielt Erik noch davon ab. Was war es? Erik wusste, dass er Georg vertrauen konnte, also das war es nicht. Was aber dann? Georg war Erik sehr ähnlich. Ruhig, gelassen, intelligent und sehr ehrgeizig. Gerade das schien zumindest am Anfang die Freundschaft zwischen Erik und Georg beflügelt zu haben. War es etwas anderes? Manchmal hatte Erik den Eindruck, dass es keinen Grund gab. Trotzdem verwarf er zunächst einmal den Gedanken, Georg in seine Gefühlswelt einzuweihen. Wer aber blieb dann? Von all seinen anderen Freunden wusste er bereits, dass sie Freundinnen hatten. Konnte er dennoch einen von ihnen einweihen? Möglicherweise. Aber wie sollten sie ihm helfen? Würden die Freundinnen von Eriks Freunden akzeptieren, wenn einer der Freunde Erik begleitete, damit dieser auf Brautschau und baggern gehen konnte? Erik kannte nur eine oder zwei der Freundinnen und auch die nicht besonders gut. Was, wenn Erik damit etwas an den Beziehungen seiner Freude veränderte?

Auf der einen Seite erschien ihm der Gedanke völlig irrational. Schließlich war jeder selbst für sein eigenes

Handeln verantwortlich. Auf der anderen Seite empfand er es auch als merkwürdig, seine Freunde darum zu bitten. Schließlich war all das – sein Wunsch nach einer Freundin und auch die ungewohnten „Spannungen" zwischen ihm und seinen Eltern etwas Privates und sehr Intimes. Dennoch - und diese Tatsache konnte Erik nun einmal nicht leugnen - musste er etwas ändern. Das konnte er aber nicht ohne fremde Hilfe, das war sicher.

Plötzlich kam ihm eine Idee: sein Arzt. Die beiden kannten sich über viele Jahre und schließlich unterlag er ja der Schweigepflicht, oder? Das war es! Es erschien Erik als eine sehr sinnvolle Lösung. Kaum hatte er diese Entscheidung getroffen, stand er vor dem nächsten Dilemma. Wie sollte er das machen? Wann immer Erik zum Arzt gegangen war, hatten ihn seine Eltern begleitet und waren auch im Behandlungszimmer geblieben. Seine Eltern nun einerseits darum zu bitten, ihn zum Arzt zu begleiten und sie dann direkt aufzufordern zu gehen, erschien ihm viel zu hart und viel zu unfair. Aber wie sollte er es dann machen? Anrufen in der Arztpraxis? Das hätte Erik zwar tun können, aber vermutlich hätte der Arzt ja nicht genug Zeit gehabt, sich all das anzuhören. Und außerdem, Erik hätte dieses Gespräch wohl nur über die Lautsprecher-Funktion seines Telefons führen können. Dafür hätte er lang genug allein sein müssen, was erstens selten der Fall war und zweitens kaum planbar. Zwar ließen Eriks Eltern ihn auch regelmäßig allein, aber wie lange er allein sein würde, das konnte er nie einschätzen. Im Gegenteil: Manchmal schien es ihm geradezu so, als würden seine Eltern immer dann besonders lang weg sein, wenn Erik glaubte, es würde nicht lange dauern und umgekehrt.

Aber die Telefonnummer der Arztpraxis war auch die einzige Möglichkeit neben dem Praxisbesuch, die Erik überhaupt hatte. Also entschied sich Erik, wenn er das nächste Mal allein wäre, in der Arztpraxis anzurufen und die Situation zu schildern. Vielleicht hatte man ja dort eine Lösung.

Gott sei Dank war bei Eriks Telefonat eine Arzthelferin am Telefon, die ihn mochte und die er auch gut kannte. Ihr konnte er vertrauen und sie versprach, sich umgehend um Eriks Anliegen zu kümmern. Das tat sie auch. Keine zehn Minuten später klingelte sein Telefon. Es war die Arzthelferin. Sie gab ihm die E-Mail-Adresse seines Arztes unter der Auflage, dass er sie niemandem weitergab. Dieses sei eine Ausnahmesituation, die diese außergewöhnliche Maßnahme rechtfertige. Natürlich versprach Erik, diese Bedingungen zu akzeptieren.
Er setzte sich umgehend an den PC und schrieb eine lange, sehr ehrliche und sehr emotionale E-Mail. Erik ließ nichts aus. Zum ersten Mal schrieb er einer Person die gesamte Situation, mit allen Gefühlen und aller Traurigkeit, die die Wunde und die Situation zu Hause ausgelöst hatten. Er schrieb auch von der Sehnsucht, die Erik nach den Pferden und einer Frau empfand. Schließlich berichtete Erik auch von seiner Ratlosigkeit. Er konnte einfach selbst keinen Ausweg für sich finden. Über eine Stunde brauchte Erik, um alles zu notieren, was ihm auf dem Herzen lag. Wie viele Rechtschreibfehler in der fünf Seiten langen E-Mail waren, wollte er nicht zählen.
Inzwischen war es Freitagabend geworden und er wollte die E-Mail noch vor dem Wochenende abschicken, damit sein Arzt sie in Ruhe lesen und darauf antworten konnte.

Die Antwort kam dann auch prompt, wenn auch nicht in Form einer E-Mail und schon gar nicht so, wie Erik sie erwartet hatte. Jedenfalls zunächst. Am Samstagmorgen klingelte bereits früh das Telefon von Eriks Eltern. Seine Mutter nahm den Anruf entgegen. Am anderen Ende der Leitung war Eriks Arzt, der darum bat, Erik allein sprechen zu dürfen. Dieser war erst durch das Klingeln des Telefons aufgewacht und bekam den Telefonhörer wortlos von seiner Mutter gereicht. Etwas verschlafen begrüßte Erik seinen Arzt. Dieser sagte ihm zunächst, dass er Eriks Mail gelesen hatte und dass den Arzt diese E-Mail tief berührt hätte. Soweit wollte Erik das gern hören und es freute ihn, dass es ihm offenbar gelungen war, alles verständlich und auch nicht gefühlsneutral darzustellen. Der weitere Verlauf des Gesprächs überraschte Erik allerdings doch sehr.

Zunächst ging der Arzt zwar behutsam auf seine seelische Verfassung ein und machte ausdrucksstark seine Sorge um Eriks seelischen Gesundheitszustand deutlich. Erik war überrascht, dass sein Arzt die Situation so schwierig und düster einschätzte. Die Überraschung verwandelte sich in ein ausgesprochen seltsames Gefühlsgemisch aus Rührung, Entsetzen, Traurigkeit und Fassungslosigkeit, als sein Arzt ihn fragte, ob Erik beabsichtige „sich etwas anzutun". Skeptisch fragte er nach, ob er die Frage richtig verstanden hatte. Hatte sein Arzt ihn tatsächlich gefragt, ob er sich selbst verletzen oder gar umbringen wollte? Erik musste sich beherrschen, nicht zu lachen. Mal ganz davon abgesehen, dass er unglaublich an seinem Leben hing: wie hätte er sich umbringen oder selbst verletzen können? Ihm fiel keine Methode ein, die er ohne fremde Hilfe hätte umsetzen können. Erik musste innerlich lächeln. Was wäre das für eine bizarre Situation, wenn er jemanden fragen würde, ob man ihm helfen würde, sich selbst zu verletzen oder gar Schlimmeres. Aber da war noch mehr: Er wollte noch so viel erleben, sein Studium beenden und auch unbedingt zu „seinem" Felix zurück. Das war er ihm schuldig:

Schließlich hatte er sich nicht einmal von ihm verabschieden können und er wollte es auch nicht. Er wollte sein Pferd nicht nur wiedersehen, er wollte ihn fühlen, reiten und streicheln. Erik wollte mit einer Frau zusammen sein für die Berührung und miteinander schlafen zumindest vorstellbar waren. All diese positiven Dinge, alles was er noch erreichen wollte und alles, was ihm immer Antrieb im Leben war, erzählte er seinem Arzt. Das ganze Telefonat dauerte etwa eine halbe Stunde und es schien Erik gelungen zu sein, seinem Arzt die Angst zu nehmen. Am Ende verabschiedete er sich freundlich von Erik und er versprach, dass er Eriks Mail, nachdem die größte Angst des Arztes zerstreut worden war, noch an diesem Wochenende beantworten würde.

Damit legten sie auf. Erik war verwirrt wie nie. War die Verwirrung, die Erik empfunden hatte als Maren ihn gefragt hatte, ob er verliebt sei, zwar intensiv aber wunderschön gewesen, so war die Verwirrung nach dem Telefonat irritierend und furchtbar. War es so schlimm um Erik bestellt? Er war sich sicher, dass es nicht so war. Er wollte leben, wollte kämpfen und er wollte wieder fühlen. Umbringen oder sich verletzen, das war das Letzte, was er wollte. Aber das sahen ja vermutlich viele Menschen so, dass sie sich bestimmt nicht verletzen wollen, selbst wenn sie es anschließend doch tun.

Gleichzeitig rührte es Erik auf seltsame Weise, dass sein Arzt derartig besorgt war. Er schien etwas erkannt zu haben, was niemand zuvor gesehen hatte, selbst, wenn Erik sich sicher war, dass sein Arzt deutlich über das Ziel hinausgeschossen war. Aber es war ja auch seine Aufgabe als Arzt so etwas zu erkennen, oder? Er lächelte bei dem Gedanken, dass sein Arzt seine Aufgabe so ernst und so gut wahrnahm.

Jetzt freute sich Erik auf die E-Mail, von der Erik wusste, dass sie bald eintreffen würde. Gegen 15 Uhr traf sie ein. Eine sehr lange, ausführliche und detaillierte Antwort. Zunächst bedankte sich der Arzt für das Vertrauen, das er ihm entgegengebracht hatte. Dann sagte der Arzt, er habe nicht viele Patienten, die so stark seien und sich so gut an seine Anweisungen hielten. Erik fühlte sich geschmeichelt. Der Arzt sagte auch, dass er Eriks Gefühle und Bedürfnisse verstand und dass er ihn, soweit ihm das als Arzt möglich war, unterstützen würde. Dann hatte er tatsächlich noch eine ausgesprochen konstruktive Idee, wie Erik seiner Sehnsucht nach einer Frau ein Stück näherkommen konnte, ohne das gleich allzu viele Leute von seinen Bemühungen und Bedürfnissen erfahren müssten. Das Internet und E-Mail. Das konnte Erik komplett ohne fremde Hilfe bedienen und durchstöbern. Da konnte man doch bestimmt auch flirten und Frauen kennenlernen, oder?

Warum war Erik nicht selbst auf die Idee gekommen? Das Internet, ein Raum mit vielen Möglichkeiten, aber auch einigen Fallstricken, vor denen man sich besser schützen sollte, das wusste Erik. Immer wieder hatte er gehört, dass man im Internet nie ganz sicher sein könne, wer sich hinter einer virtuellen Identität verbarg.

Zwar hatte er das in ganz anderen Zusammenhängen gehört als Liebe und Flirt, aber was für Informationsfindung und andere Inhalte im Netz galt, das traf bestimmt erst recht auf Beziehungsfindung im Internet zu, oder?

Diese Überlegung war typisch für Erik. Solange ich ihn kenne, hatte er nahezu alle Handlungen gut durchdacht. Ganz selten tat er mal etwas wirklich spontan. Eigentlich ganz verständlich, wenn man bedenkt, dass mein Freund körperlich so eingeschränkt war. Er musste, mehr noch als andere Menschen, behutsam sein, wenn er sich nicht in unangenehme Situationen bringen wollte. Gleichzeitig war Erik, soweit und solange ich ihn kannte, immer jemand gewesen, der an das Gute im Menschen glaubte und dem es immer - oder jedenfalls sehr oft - gelang, Menschen zu vertrauen. Gott sei Dank hatte die Menschenkenntnis meinen Freund selten im Stich gelassen. All diese Überlegungen besprach Erik auch mit mir und auch ich wusste nicht so recht, was ich meinem Freund raten sollte. Ich musste zugeben, dass beide Seiten der Medaille sehr gut nachvollziehbar waren. Alles schien so logisch. Sowohl die Tatsache, dass im Internet nicht alles wirklich so war, wie es zu sein schien, als auch die Tatsache, dass das Internet eine wirkliche Chance für Erik sein konnte, eine schöne Frau zu finden, die wirklich Single war, ohne dass er alle Welt einbinden musste.

Erik grübelte lange darüber nach, was er tun sollte. Natürlich wäre er lieber unter Leute gegangen und hätte „auf natürlichem Weg" eine Frau kennengelernt. Aber er konnte es drehen und wenden, wie er wollte. Für Abende Assistenzkräfte zu finden, war sehr schwierig.

Noch dazu müsste Erik sich immer offenbaren, dass er flirten wollte, oder? Das war etwas Intimes, was Erik gern auch intim belassen wollte. Es reichte ja schon, wenn er irgendwann einmal jemanden einbinden musste, um zu einem in der Zukunft hoffentlich stattfindenden Date zu kommen. Nur eines stand wohl unumwunden fest. Die Freundin, die mein Freund sich so sehr wünschte, würde sich wohl kaum selbst in den Briefkasten stecken oder vor der Haustür stehen, oder? Das Internet hatte einen bestechenden Vorteil: Es ermöglichte ihm, aktiv nach möglichen Partnerinnen zu suchen und es gestattete ihm, in Grenzen noch Anonymität zu wahren. Niemand, außer den Frauen, die Erik interessierten, musste etwas erfahren. Zumindest davon, dass Erik auf Brautschau war. Was er schrieb und was er preisgab, konnte er dann ja immer noch entscheiden. In diesem Moment hatte sich Erik entschieden. Das Internet sollte der Ort für Eriks erste Flirtversuche werden. No Risk, no Fun, oder wie hieß der Spruch doch gleich?

Erik macht den „Bagger-Führerschein"

Erik hatte also endlich eine Idee, wie er seinem in den letzten Wochen und Monaten immer heftiger gewordenen Wunsch nach einem Flirt näherkommen konnte. Das Internet war doch wirklich ein wunderbarer Ort für so Vieles. Aber wie sollte er das machen? Er kannte das Internet aus seinem Studium als etwas, dem das Potenzial für große Veränderungen nachgesagt wird. Er hatte aber auch theoretisch und praktisch erfahren, dass man sehr genau wissen musste, was man suchte und woher die Information kam, wenn man verlässliche und gute Quellen finden wollte.

Aber das, was für Informationen galt, galt doch bestimmt erst recht fürs Flirten, oder? Gab es dort auch Kriterien, auf die man achten konnte? Bestimmt gab es sie, aber Erik kannte sie nicht. Also begann er so, wie er immer begann, wenn er im virtuellen Raum ein neues Thema anging. Er fragte eine der größten Suchmaschinen der Welt nach „Singlebörsen". Das Ergebnis traf Erik wie ein Schlag. Die Suche lieferte die schlanke Zahl von 684 000 Treffern. Selbst, wenn Erik die Suche auf deutschsprachige Seiten beschränkte, blieben 675 000 Treffer. Nicht wirklich ein überschaubares Ergebnis. Blieb noch der dritte Versuch: Was passierte, wenn man die Suche auf Seiten begrenzte, die auf einem deutschen Server gespeichert waren? Auch diesen Schritt konnte man nicht wirklich als Erfolg bezeichnen. Blieben noch immer 633 000 Treffer. Positiv gesehen bedeutete dies zwar, dass Erik allein durch Einstellung der Suchoptionen die Trefferzahl um 51 000 reduziert hatte, doch wie sollte er diesen unüberschaubaren Wust an Treffern, Informationen und was auch immer ordnen?

So glaubte Erik, habe er eine größere Chance, seine Herzdame zu finden. Aber auch die Größe der Singlebörse reduzierte die Auswahl nicht wirklich. Jede der angeklickten Seiten überbot in der Anzahl der dort registrierten Singles den Vorgänger. Was nun? Das nächste logische Ausschlusskriterium waren für Erik die Kosten. Eigentlich war ihm dieses Kriterium zu profan erschienen. Schließlich maß man Liebe doch nicht in Geld, oder?

Aber, die Preisunterschiede zwischen den Anbietern waren doch beträchtlich. Rein gefühlsmäßig befand sich Erik zwar zu diesem Zeitpunkt in einer Phase, wo er alles (auch seinen letzten Cent) für eine Frau gegeben hätte, aber sein Kopf mahnte ihn zur Vorsicht. Also entschied sich Erik für den Mittelweg, wie er es so oft tat.

Mein Freund war zwar bereit, für seinen Wunsch auch kostenpflichtige Dienste zu nutzen, aber sie mussten auch so gut in sein finanzielles Budget passen, dass man diese Ausgabe kaum merkte. Nun hatte Erik endlich etwas, was die Auswahl übersichtlicher gestalten sollte. Kosten von mehreren hundert Euro für eine Jahresmitgliedschaft waren für Erik nicht finanzierbar. Nachdem er beschlossen hatte, dass für ihn nur Singlebörsen in Betracht kommen sollten, deren Gebühr für eine Jahresmitgliedschaft einhundert Euro nicht überstieg, las sich Erik die Allgemeinen Geschäftsbedingungen der Anbieter aufmerksam durch.

Dies gestaltete sich komplexer, als Erik vermutet hatte. Zunächst einmal gab es Anbieter, die ihre Preise monatlich angaben. Andere taten das für einen Zeitraum von drei, sechs oder zwölf Monaten. Einige der Anbieter hatten spezielle Konditionen für Frauen, Männer oder bestimmte Altersgruppen. Ein Wort über Menschen mit Behinderungen fand er übrigens auf keiner der besuchten Seiten. Hatte er das erwartet? Wenn Erik ehrlich zu sich selbst war, wohl eher nicht. Er hatte vielleicht darauf gehofft, aber erwartet hatte er es bestimmt nicht.

Erik gab mir gegenüber zu, dass es ihn gefreut hätte, wenn einer der Anbieter Menschen mit Behinderungen erwähnt hätte. Nicht, weil er dann besondere Vertragsbedingungen bekommen oder vielleicht gar weniger Gebühr bezahlt hätte, sondern weil es ihm gezeigt hätte, dass die Anbieter sich darüber bewusst waren, dass auch Menschen mit Behinderungen das Bedürfnis nach Partnerschaft und Sexualität verspüren können.

Letztendlich entschied sich Erik nach reiflicher Überlegung für die Singlebörse eines Telekommunikationsunternehmens, dass er aus der Werbung kannte. Die Seite machte einen seriösen Eindruck und dort fand er auch viele Singles in seiner Altersgruppe, sodass Erik glaubte, dort könnten sich viele Kontakte ergeben. Nicht zuletzt sprach auch das gute Preis-Leistungs-Verhältnis für diesen Anbieter, der zudem noch jedem neuen Kunden einen kostenlosen Probemonat spendierte. Während dieser Zeit konnte man sich in Ruhe unter den Singles umschauen und Kontakt aufnehmen.

Für einen kurzen Moment hatte er die vage Hoffnung, dass er vielleicht gar nicht bezahlen müsse, denn schließlich könnte sich innerhalb eines Monats ja schon der erste Kontakt ergeben haben und nach einer gewissen Zeit würde man dann außerhalb dieser Plattform in Kontakt bleiben. Nachdem die Entscheidung für einen Anbieter getroffen war, stand für Erik die nächste Entscheidung unmittelbar bevor. Wie sollte er sein Profil gestalten? Schließlich waren Kontaktanzeigen für ihn vollständiges Neuland und er hatte auch nie zuvor welche in einer Zeitung bewusst gelesen.

Wie konnte er am besten für sich Werbung machen und die Damenwelt überzeugen? Sollte er seine Behinderung erwähnen oder verschweigen? Die letzten Gedanken bewegte Erik nur sehr kurz in seinem Kopf, denn schließlich gehörte und gehört die Behinderung zu ihm wie seine Augenfarbe, sein Lächeln oder seine Charaktereigenschaften. Außerdem hatte er seine Behinderung nie als etwas erlebt, das er verstecken musste oder das ihm peinlich war. Gleichwohl blieben die Zweifel, die Erik schon in der einen oder anderen Situation zuvor gehabt hatte. Welche Frau sollte sich in einen behinderten Mann verlieben und würden die Gefühle stark genug sein, damit es mehr werden könnte als ein kurzes Intermezzo? Nachdem er aus diesen Gedankenspielen zurückgekehrt war, entschied sich Erik schließlich, seine Behinderung offen und ehrlich anzusprechen und zu erwähnen. Nachdem der junge Mann über eine Stunde an seinem Profiltext gefeilt hatte, war er zufrieden. Sicher war es nicht optimal gewesen, aber für den ersten Versuch einer Kontaktanzeige war es sicherlich auch nicht das schlechteste Ergebnis. Er erwähnte seine Hobbys, seine Leidenschaften, seine Sehnsüchte und er vergaß auch nicht zu erwähnen, was er sich von der Frau wünschte, in die er sich verlieben wollte. Dann blieb nur noch ein Problem. Das Profilfoto. Was sollte er machen? Er hatte nicht allzu viele Fotos von sich selbst, die jüngeren Datums waren. Ohnehin war Erik meistens auf Fotos nicht besonders gut zu erkennen. Er neigte dazu, die Augen exakt im richtigen Moment vor dem Auslösen zu schließen, sodass er, wenn überhaupt, meist mit geschlossenen Augen auf den Fotos zu sehen war. Seine Eltern konnte und wollte er nicht um den Gefallen bitten, ein neues Foto von ihm zu machen, da sie mit Sicherheit gefragt hätten, wofür er es denn brauche.

Schließlich fand Erik auf seinem Computer doch noch ein Selbstporträt, das ihm einigermaßen gefiel. Das Problem war nur, dass es ihn im Anzug zeigte und dass es auf einer Universitätsveranstaltung aufgenommen worden war und ihn damit in einem Hörsaal zeigte. Hier konnte er sich allerdings eine Lösung vorstellen. Er würde Georg bitten, ihm zu helfen, das Bild nachzubearbeiten. Für jetzt würde er es erst mal so einstellen und hoffen, dass niemand bemerkte, wo es aufgenommen worden war. Geschafft! Erik hatte seine erste Kontaktanzeige veröffentlicht und der Damenwelt gezeigt, dass er noch zu haben war.

Er hoffte so sehr, dass er bald kein unbeschriebenes Blatt mehr war, wenn es darum ging, mit einer schönen Frau zu flirten. Es fühlte sich gut an und Erik war erleichtert, dass er es nun endlich geschafft hatte, sein Bedürfnis in Worte zu fassen und offen einzugestehen. Schließlich konnte es nun die ganze Welt lesen. Der Probemonat verlief besser, als Erik zu hoffen gewagt hatte. Wenige Tage nach seiner Anmeldung hatte Erik zum ersten Mal Post auf der Seite der Singlebörse. Sie hieß Julia und kam aus der nächstgrößeren Stadt. Sie mochte Pferde, genau wie Erik und ging gern einkaufen. Auch das war etwas, dem Erik durchaus etwas abgewinnen konnte, denn er mochte ausgedehnte Einkaufstouren. So gingen schnell ein paar Nachrichten hin und her und offensichtlich fand Julia Erik zumindest nicht unsympathisch, denn die Nachrichten wurden immer schnell und offen beantwortet. Nach der vierten Nachricht bat Julia Erik darum, dass sie nun über einen Instant-Messenger kommunizieren wollte. Erik kam das zwar etwas seltsam vor, aber Julias Begründung war schlüssig, denn sie sagte, dass sie nur eine kostenlose Mitgliedschaft in der Singlebörse besaß, sodass sie nur eine begrenzte Anzahl von Nachrichten über diese Plattform versenden dürfe.

„Das ging schnell!", dachte Erik und gab Julia, ohne lange zu überlegen, die Kontaktdaten eines Instant Messengers, den er häufig benutzte. Während der nächsten Tage schrieben sich Erik und Julia regelmäßig. Nie länger als eine Stunde, aber dennoch regelmäßig und stets freundlich. Ich erinnere mich noch gut an die Verwunderung in Eriks Stimme, als er mich anrief, um mir zu erzählen, dass die Sache mit der Singlebörse besser anlief, als er gedacht hatte. Ich freute mich für Erik, sagte ihm, dass ich ihm weiterhin die Daumen drücken würde und dann sprachen wir noch eine Weile über etwas anderes.

Wenige Tage später passierte etwas Seltsames: Während eines Gespräches mit Erik fragte Julia ihn plötzlich, ob er schon einmal Sex gehabt habe. Erik irritierte die Frage, denn er verstand nicht, warum diese Frage zu einem so frühen Zeitpunkt bereits relevant sein sollte. Schließlich hatten sich Julia und er noch nie gesehen oder auch nur miteinander telefoniert. Sie kannten weder Stimme noch Aussehen voneinander und dennoch stellte Julia Erik nun eine so intime Frage. Um Julia nicht vor den Kopf zu stoßen, fragte Erik, warum ihr diese Frage denn so wichtig sei und warum sie sie bereits zu einem frühen Zeitpunkt stellte. Julia antwortete, dass Sex für sie in einer Beziehung eine wichtige Rolle spiele und dass es ihr deshalb wichtig sei zu wissen, ob Erik trotz seiner Behinderung Geschlechtsverkehr haben könne.

Erik spürte geradezu, wie er vor dem Computer rot anlief. Ihn irritierte die Frage immer noch, dennoch verstand er sie. Er hatte es sich ja nun mittlerweile selbst zu fragen begonnen, ob sein Penis und seine Hoden gesund waren. Schließlich entschied sich Erik dafür, Julias Frage ehrlich zu beantworten. Dies bedeutete, dass er zugeben musste, dass er noch nie mit einer Frau geschlafen hatte. Gleichzeitig bedeutete es aber auch, dass er hoffte und irgendwie auch sicher war, dass er einen Ständer bekommen konnte und vielleicht sogar Kinder zeugen könnte. Natürlich war das nicht der Wortlaut, wie mein Freund es damals geschrieben hätte, aber inhaltlich kam es auf dasselbe hinaus. Und, soweit er sich erinnerte, verwendete er wenigstens den ersten Teil der Antwort fast wortgleich. Julias Antwort überraschte ihn. Sie schrieb ihm, dass ihr das nicht genug sei und sie deshalb den Kontakt nicht über eine Freundschaft hinaus vertiefen wolle. Erik war derart überrascht, dass er nochmal nachfragte ob er richtig gelesen hatte. Ja, das hätte er, antwortete Julia und sie bleibe bei ihrer Antwort. Erik konnte seinen Augen immer noch nicht trauen.

Er war wütend, irritiert und außerdem verspürte er eine Menge weiterer Gefühle, die in ihrer Mixtur nicht zu definieren und in Worte zu fassen waren. Was hätte er denn tun sollen? Hätte er Julia anlügen sollen, indem er angab, der „geilste Hengst im Bett zu sein"? Was wäre denn gewesen, wenn Julia ihm geglaubt hätte und sie eines fernen Tages miteinander geschlafen hätten und Erik hätte feststellen müssen, dass er keinen Ständer bekommen kann? Außerdem hatte er ja nicht gesagt, dass es nicht gehen würde, er hatte lediglich gesagt, dass er noch nicht wisse, ob er „Mann sein kann". Dieses Erlebnis ließ meinen Freund in einer tiefen Ratlosigkeit zurück. Zum ersten Mal hatte ihn seine Ehrlichkeit in seinem Leben nicht weitergebracht.

Nun mag man sich sicher die Frage stellen, ob die Frau, der Sexualität so wichtig war in einer Beziehung, die Richtige für Erik gewesen wäre, dennoch hatte auch der Einwand meines Freundes seine Berechtigung. Erik sagte abends zu mir: „Wie soll ich denn jemals lernen, wenn mir die Frauen nicht mal eine Chance geben, herauszufinden, was ich geben kann?"

So blieb Erik nichts anderes übrig, als weiterhin in der Single Community zu bleiben und darauf zu hoffen, dass es einen weiteren Kontakt dieser Art geben würde, der dann hoffentlich zu einem besseren Ende führte. Ganz schlecht hatte es für meinen Freund ja nicht begonnen, deshalb empfahl ich ihm, zunächst einmal für die kürzeste mögliche Zeitspanne zahlendes Mitglied der Singlebörse zu werden. Der Kontakt mit Julia hatte nahezu den gesamten kostenlosen Probemonat angedauert, bevor er dieses Ende nahm. Meinen Freund zu motivieren, für seine Suche nach der Freundin auch einmal Geld zu bezahlen, war nicht schwer. Schließlich würde Erik, so hofften wir beide, dort Kontakt zu

Singlefrauen bekommen und dann vielleicht „die richtige Frau" finden.

Erik schloss also voller Vorfreude auf den ein oder anderen Kontakt oder das ein oder andere Date eine sechsmonatige Mitgliedschaft in der Single Community ab, die ihn für die gesamte Laufzeit etwas unter sechzig Euro kostete. Doch der weitere Verlauf dieser Erfahrung erwies sich für meinen Freund als nicht positiv. Nicht nur, dass der Kontakt zu Julia der Einzige bleiben sollte, der sich über diese Plattform ergab, sondern, mein Freund entdeckte auch, dass es kurz vor Ablauf der Mitgliedschaft vermehrt Nachrichten in seinem Postfach gab, die mehr oder weniger alle in etwa den folgenden Inhalt hatten: „Ich heiße XY, bin so und so alt und möchte nicht mehr allein sein. Leider habe ich kein Internet, deshalb schicke mir doch eine SMS an folgende Telefonnummer." Leider hatten diese Telefonnummern alle Sondergebühren, die zum Teil über einen Euro neunzig betrugen und das pro SMS. Nach dieser Erfahrung beendete Erik seine Mitgliedschaft in der Singlebörse umgehend. Was er dann tat, überraschte mich doch sehr.

Erik war davon überzeugt, dass er sich nach dieser Erfahrung an eine Beratungsstelle wenden sollte. Erik hatte es immer geahnt, dass er nicht gerade das Sex-Appeal von George Clooney oder Brad Pitt – der geneigte männliche Leser stelle sich an dieser Stelle zur besseren Veranschaulichung des Gedankens eher Angelina Jolie oder Julia Roberts vor - besaß, aber so wenig Anziehungskraft auf das andere Geschlecht hatte er nun auch nicht erwartet. Wenigstens eine Zuschrift, aus der sich etwas ergeben hätte (und sei es nur ein gemeinsames

Kaffeetrinken gewesen) hatte er sich schon erhofft.

Plötzlich waren da wieder diese ganzen Fragen, die er längst vergessen zu haben schien: Was sollte eine Frau mit einem behinderten Mann anfangen? Was hätte er einer Frau bieten können? Neu an der Situation mit Julia war lediglich, dass die Frage nach Eriks Fähigkeiten im Bett das erste Mal aufgetaucht war.

Erik beschloss, wieder einmal Rat bei seinem Arzt einzuholen. Dieser empfahl ihm, eine Beratungsstelle aufzusuchen, die auf dieses Thema spezialisiert wäre. Den Kontakt würde sein Arzt ihm vermitteln. Noch am selben Abend hatte Erik tatsächlich eine E-Mail seines Arztes erhalten, in der der Name, die Adresse sowie die Telefonnummer der Beratungsstelle verzeichnet waren. Da sich auch eine E-Mail-Adresse der Beratungsstelle fand, entschied sich Erik seine Anfrage per Mail zu formulieren, da ihm das Schreiben zu diesem Zeitpunkt leichter fiel als das Telefonieren. Er schrieb dort nur, dass er um einen Beratungstermin ersuche, der im weitesten Sinne den Themenkomplex Behinderung und Sexualität behandeln sollte. Außerdem bat er bei den Terminvorschlägen um ausreichend Vorlaufzeit, damit er die entsprechende Begleitung organisieren konnte. Einen Tag später bekam er bereits Antwort. Es waren zwei Terminvorschläge angegeben, einer davon in der darauffolgenden Woche, der andere im darauffolgenden Monat. Geantwortet hatte ihm interessanterweise ein Mann. Seltsamerweise hatte Erik irgendwie damit gerechnet (oder vielleicht darauf gehofft), dass ihm eine Frau antworten würde. An den Grund für diese Hoffnung konnte sich Erik selbst nicht mehr erinnern, aber es war seltsam, wie präsent ihm diese Hoffnung noch war. Er entschied sich dafür, seinen damaligen Zivildienstleistenden (es sollte sein letzter sein und es war ein anderer als der, der ihn zu dem Treffen im Reitstall begleitet hatte) zu fragen, ob er ihn in die Beratungsstelle fahren würde. Erik war überrascht und froh, als der Zivildienstleistende ohne zu zögern zusagte. Irgendwie hatte er ihn anders eingeschätzt und er war froh, dass ihn seine Menschenkenntnis in diesem Fall ausnahmsweise einmal getäuscht hatte. So kam es, dass sich die beiden jungen Männer in der darauffolgenden Woche auf den Weg in die Beratungsstelle machten.

Erik hatte die vage Hoffnung, dass sich etwas verändern würde zumindest dahingehend, als dass Erik zum ersten Mal offen darüber sprechen können würde, welche Wünsche und Bedürfnisse, (sexuellen) Fantasien und Träume er hatte. Sie parkten das Auto ein Stück entfernt von dem Büro und gingen den Rest des Weges zu Fuß. Zum ersten Mal spürte Erik, dass er vor einem Gespräch mit jemandem sehr nervös war. Er betrat zum zweiten Mal in seinem Leben völliges Neuland. Irgendwie erschien es Erik auch seltsam, dass er über etwas sprechen sollte, dass er noch nie erlebt hatte und von dem er keine Vorstellung besaß, allenfalls die, dass auch er etwas zu geben hatte. In den letzten Tagen hatte Erik festgestellt, dass es ihm anfing wehzutun, wenn er jungen Pärchen begegnete, die sich an den Händen hielten, sich küssten oder miteinander knutschten. Auch das war für Erik ein Zeichen gewesen, dass sein Bedürfnis nach Liebe und Zuwendung anders und intensiver erwacht war als bisher.

Das Büro des Beraters, der sich vorstellte und Erik erklärte, dass er seine Doktorarbeit zum Thema Behinderung und Sexualität geschrieben habe, war warm und gemütlich eingerichtet. Die Wände waren in einem zarten Gelbton gestrichen, in der Mitte des Raumes standen zwei große Sessel und ein kleiner Tisch, auf dem eine Schale mit bunten Steinchen stand. Im ersten Moment fühlte sich Erik an etwas Esoterisches erinnert. Das Gespräch begann irgendwie unvermittelt, weil ziemlich direkt. Der Therapeut fragte Erik, was ihn denn in die Beratungsstelle geführt habe und was er von der Beratung erwarte.

Erik gab offen zu, dass ihn diese Frage im Moment etwas überforderte, da er ja noch gar nicht wisse, was ihn erwarte. So antwortete er nur, dass er seit einer körperlichen Erkrankung, die nicht in unmittelbarem Zusammenhang mit seiner Behinderung stehe, aber im Moment einen großen Teil seines Lebens beherrsche, das Bedürfnis nach einer Freundin verspüre. Der Therapeut stellte einige Detailfragen, die für den weiteren Verlauf der Handlung aber nicht von größerer Bedeutung waren. Schließlich kam man auf das Anliegen von Erik, das ihn in die Beratungsstelle geführt hatte. Erik brauchte Rat, wie er in seiner Situation am besten Mädchen kennen lernen konnte. Schließlich war es nicht so einfach. Es musste immer oder fast immer jemand bei ihm sein und abends war es ganz schwierig, da der Zivildienstleistende natürlich selbst eine Freundin hatte, mit der er gerne die Abende verbrachte. Außerdem war da noch die Frage, ob er die Behinderung nun erwähnen sollte oder nicht. Schließlich müsse Erik davon ausgehen, dass man ihn nicht unbedingt dadurch kennen lernen würde, dass man ihm begegnete.

Letzteres wäre nur die wünschenswerte Option gewesen. Aber so viel hatte Erik inzwischen eingesehen, es würde schwierig werden, auf „gewöhnlichem Wege" eine Frau kennen zu lernen. Wenn er aber nun weiter auf Kontaktanzeigen im Internet setzen wollte, so war es für ihn wichtig zu wissen, wie er seine Behinderung erwähnen konnte und ob er das überhaupt tun sollte.

Der Therapeut sagte, dass diese Situation für ihn völlig neu sei, da er sonst überwiegend mit Menschen oder Paaren zu tun habe, oder zumindest mit Einzelpersonen, die ihre Behinderung durch einen Unfall erworben hätten und erste sexuelle Erfahrungen bereits gesammelt hätten und nun wissen möchten, wie sie ihre Sexualität in der neuen Lebenssituation erhalten und ausleben können. Allenfalls wäre es in der Beratung auch mal darum gegangen, Menschen zu helfen, die Hilfsmittel zum Ausleben ihrer Sexualität benötigten.

Erik sei jedoch zu einem sehr frühen Zeitpunkt in die Beratung gekommen, sodass auch der Therapeut in diesem Punkt über wenig Erfahrung verfüge. So entwickelten Erik und der Therapeut gemeinsam Ideen, was Erik tun könne, um Frauen kennenzulernen. Letztendlich blieben der Therapeut und Erik beim Volkshochschulprogramm hängen. Was sie dort fanden, überraschte beide Männer gleichermaßen. In der Rubrik „Leben und Partnerschaft" wurde ein Flirtkurs für Einsteiger angeboten. Das Seminar war an zwei Samstagen im Sommer geplant und sollte insgesamt sechzehn Stunden dauern. Sein Preis schien mit etwas über zehn Euro mehr als fair. Dieses Seminar wollte Erik besuchen, so viel stand bereits jetzt fest. Mit diesem Vorhaben wurde die Beratung beendet und Erik stellte zu seiner Freude fest, dass der Berater auf die Beratungsgebühr verzichten wollte, da er Erik nicht wirklich weiterhelfen konnte und sie die Lösung ja nur gemeinsam gefunden hätten.

Insgesamt war die Erfahrung des Beratungsgesprächs für Erik nicht eindeutig. Es hatte ihm wirklich sehr gutgetan, ungeniert und ungezwungen eingestanden zu haben, wonach er sich sehnte und dabei auch Wörter zu benutzen, die er sonst nie sagte. Auf der anderen Seite fand er seltsam, dass ein spezialisierter Berater mit seiner Situation überfordert sein sollte. Er konnte doch unmöglich der einzige behinderte junge Mann sein, der sich danach sehnte, eine Freundin zu haben, die für ihn da war, ihn lieb hatte, ihn begehrte und diesem Begehren auch dadurch Ausdruck verlieh, dass die beiden miteinander schliefen, oder? Das war einfach nicht möglich. Es musste noch mehr Männer geben, denen es so erging wie Erik.

Auf der Rückfahrt von der Beratungsstelle fühlte sich Erik trotzdem, als habe man ihm eine zentnerschwere Last von den Schultern genommen. An den beiden folgenden Tagen dachte Erik nicht mehr an all das, was ihn in den letzten Wochen so sehr beschäftigt hatte.

Erst in der darauffolgenden Woche machte er sich auf die Suche nach jemandem, der ihn zu diesem Flirtkurs begleiten konnte und wollte. Sein Zivildienstleistender hatte bereits abgelehnt, da er befürchtete, seine Freundin könnte von der Idee nicht so begeistert sein. Georg, Eriks bester Freund, wäre wohl ungeeignet für diese Aufgabe gewesen, obwohl die beiden sich sonst wirklich vertrauten. Erik hatte an der Universität einen Kommilitonen, der in dieser Beziehung etwas offener schien, der aber ebenfalls eine Freundin hatte, die Erik nicht einschätzen konnte, weil er sie so gut wie gar nicht kannte. Er wusste lediglich, dass sie existiert. Dennoch entschied er sich schnell dazu, seinen Freund Sven danach zu fragen, ob er Erik an diesen zwei Wochenenden würde begleiten können.

Die Reaktion seines Freundes ließ nicht lange auf sich warten. Sven sagte, dass er glaube, dass das möglich wäre, aber er müsse selbstverständlich erst seine Freundin fragen. Sven versprach, dies in den nächsten Tagen zu tun und sich dann umgehend wieder bei Erik zu melden. Es dauerte keine zwei Tage, da hatte Erik die Antwort in seinem elektronischen Briefkasten. Seine Freundin habe nichts dagegen und so könne das gemeinsame Unternehmen beginnen. Er freue sich darauf, Erik dabei zu unterstützen, seinen „Bagger-Führerschein" zu erwerben. Das war eine so typische Antwort für Eriks Freund gewesen, dass er nicht anders konnte, als zu lachen. Nicht, weil er seinen Freund nicht ernst nahm oder gar verspotten wollte, es freute Erik einfach, wie offen und ungezwungen Sven damit umgehen konnte. In diesem Moment wusste er, dass er genau den richtigen Mann für die Begleitung zu diesem Ereignis ausgewählt hatte. Nun hatte er zwar eine Begleitung gefunden, das Wichtigste aber hatte Erik vergessen, weil er annahm, dass es bei Volkshochschulen keine Rolle spielte. Dennoch schrieb er aus einem intuitiven Impuls heraus eine E-Mail an die Volkshochschule, in der er fragte, ob der Seminarort mit dem Rollstuhl zugänglich sei.

Die Antwort, die keine Stunde später in seinem E-Mail-Postfach einging, erschreckte Erik. Sein intuitiver Impuls war richtig. In der Antwort hieß es, dass der Seminarort für den Flirtkurs eigentlich nicht mit dem Rollstuhl zugänglich sei, da der Seminarraum sich in der zweiten Etage befinde und das Gebäude generell über keinen Fahrstuhl verfüge. Da er sich aber nun fest angemeldet habe, werde man versuchen, das Kursangebot in einen der Räume im Erdgeschoss zu verlegen. Sollte dies nicht möglich sein, so werde man ihm selbstverständlich die bereits überwiesene Kursgebühr erstatten.

Erik grinste. Zum einen war die Antwort sehr freundlich gewesen und zum anderen hatte er wieder einmal ein Angebot erwischt, was nicht von sich aus auf Rollstuhlfahrer vorbereitet gewesen war. Das war inzwischen nichts Ungewöhnliches mehr. Vermutlich hätte es ihn eher überrascht, wenn er einmal auf ein Angebot gestoßen wäre, das er sofort hätte nutzen können.

So blieb dem jungen Mann nur die Hoffnung, dass der Flirtkurs, auf den er sich so sehr freute, tatsächlich verlegt werden konnte. Und Erik hatte Glück. Zwar dauerte es einige Tage, bis Erik von der Volkshochschule eine Antwort bekam, aber dort teilte man ihm mit, dass es gelungen sei, den Flirtkurs in eine Räumlichkeit im Erdgeschoss zu verlegen und dass die Dozentin sich darauf freue, Erik kennen zu lernen, auch wenn es für sie eine neue Erfahrung wäre, einen Menschen mit Behinderung in ihrem Kurs zu haben.

Jetzt war es nicht mehr lange hin und Erik würde zumindest theoretisch in eine Welt eintauchen, die ihm bisher verschlossen geblieben oder zumindest erschienen war. Als dann endlich der große Tag gekommen war, konnte Erik die Aufregung fast körperlich spüren.

Sein Herz pochte, er schwitzte ein wenig und er war wirklich gespannt, wie seine Kommilitonen darauf reagieren würden, dass jemand im Rollstuhl das Wagnis eingehen wollte, flirten zu lernen und damit offen zugab, dass er einsam war und eine Partnerin suchte. Das würde er an diesem Tag zum ersten Mal öffentlich zeigen und bekannt machen.

In der Volkshochschule eingetroffen, war Erik zunächst einmal überrascht, welch bunte Gruppe sich dort zusammengefunden hatte und in dem Kurs etwas Neues erfahren wollte. Zu seiner Überraschung waren in dem Kurs fast nur Männer. Warum Erik das überraschte, konnte er sich zunächst selbst nicht erklären, gestand sich aber später ein, dass er wohl darauf gehofft hatte, dass er vielleicht in dem Kurs jemand finden würde, mit dem er das erlernte Wissen gleich würde anwenden und ausprobieren können. Und natürlich waren alle, die in dem Kurs versammelt waren, weitaus älter als Erik und hatten allesamt schon längst Erfahrungen mit Ehen, Beziehungen, Lebensgemeinschaften oder sonst irgendeiner Form von Partnerschaft. Nach einer kurzen Vorstellungsrunde der Teilnehmer war Erik dennoch überrascht.

In dem Kurs saß tatsächlich eine Dame im stolzen Alter von 82 Jahren, die zur Begründung, warum sie denn den Kurs besuche, angab, sie habe fünf Jahre nach dem Tod ihres Ehemannes, mit dem sie beinahe 50 Jahre verheiratet gewesen war, beschlossen, dass sie nicht mehr allein sein wolle. Aus verständlichen Gründen habe sie aber das Flirten etwas verlernt und müsse nun sozusagen wieder von Neuem beginnen. Eine bemerkenswerte Frau mit einer bemerkenswerten Einstellung.

Für Erik war daran das Wichtigste, dass es offenbar keine Altersbeschränkung oder sonst irgendeine Form von Einschränkung im Bezug darauf gab, dass man sich nach einer Partnerin oder einem Partner sehnte und sich wünschte, dass man sein eigenes Leben mit einem Menschen teilen durfte. Doch zurück zu den eigentlichen Inhalten des Kurses, denn schließlich war Erik deswegen gekommen.

Es begann zunächst mit einem etwas überraschenden Übungskonzept, das Erik nur als Beobachter verfolgen konnte. Trotz allem machte dies viel Spaß und es verriet Erik sehr viel. Die Kursteilnehmer waren aufgefordert worden, sich paarweise gegenüber aufzustellen und einer der beiden in jedem Paar sollte unaufgefordert und unangekündigt eine beliebige Bewegung durchführen. Es war völlig egal, ob die Bewegung mit dem Arm, Bein, mit dem Kopf oder sonst irgendeinem Körperteil durchgeführt wurde. Die Ergebnisse waren interessant und aufschlussreich.

In allen Paar-Teams zeigte sich in etwa das gleiche Bild. Nach einer kurzen Eingewöhnungsphase – etwa ein bis zwei Minuten – gelang es beiden Partnern fast mühelos synchron die gleiche Bewegung auszuführen. Wie war das möglich? Die Antwort sollten Erik und die anderen Kursteilnehmer im theoretischen Teil erhalten. Je sympathischer wir einen Menschen fänden, desto schneller seien wir in der Lage, uns auf ihn als Gegenüber einzustellen. In jedem Fall erfolge eine beidseitige Anpassung. Maximal nach fünf Minuten haben wir die Bewegung unseres Gegenübers soweit verinnerlicht, dass wir sie synchron ausführen können. Anderenfalls wäre tanzen ja auch gar nicht möglich. Soweit zur ersten Übung dieses Kurses. Es folgte ein weiterer Theorieteil, der für Erik der wichtigste und aufschlussreichste des Kurses werden sollte.

Es ging darum, dass die Wissenschaft herausgefunden hat, dass es unterschiedliche Flirttypen gäbe und sich daran zumindest Tendenzen ablesen ließen, wer mit wem zusammenpasst beziehungsweise flirtet. Im Groben ließen sich vier Flirttypen unterscheiden. Als erstes gibt es da den „Aufreißertypen". Zusammengefasst ließe er sich in etwa wie folgt beschreiben: selbstbewusst, vielleicht egozentriert, von seiner Wirkung auf andere Menschen und potenzielle Partner so überzeugt, dass er, wann immer er Lust hat, Menschen anspricht und versucht zu flirten. In diese Kategorie wollte Erik sich sicher nicht einordnen lassen.

Passender erschien ihm da schon die zweite genannte Kategorie, der „Sympathieflirter". Sympathieflirter würden zunächst einmal abwarten, ob ihnen ein potenzieller Partner oder eine potenzielle Partnerin, die sie körperlich attraktiv finden, auch für eine gewisse Zeit sympathisch erscheint. Der Flirt ergibt sich hierbei meistens eher als Nebeneffekt einer anderen Verbindung, sei sie beruflich oder freundschaftlich. Zwar sei Sympathieflirtern schnell klar, ob ein Flirt prinzipiell infrage kommt, sie warten aber oft lange ab, bevor sie diese Absicht deutlich zeigen.

Als dritte Kategorie wurde der „Flirtkünstler" angesprochen. In diese Kategorie hätte Erik seinen Begleiter Sven eingeordnet. Der Flirtkünstler besitzt eine hohe Affinität zum Flirt im Allgemeinen und verfügt dabei gleichzeitig über die Kreativität, aus beinahe jeder

Situation eine Flirtstrategie zu entwickeln. Als Beispiel nannte die Dozentin die Erfolgsgeschichte eines Paares, die an der Kinokasse mit den Worten begann: „Ihr beiden hübschen Damen habt aber Karten für den falschen Film gekauft." Noch an der Kinokasse hatten die vier offenbar abgemacht, sich nach dem Ende der Filme noch auf etwas zu trinken zu treffen. Knapp zwei Jahre später war aus dieser Situation zumindest eine Ehe entstanden.

Als vierter und letzter Flirttyp – wobei die Bezeichnung ein Widerspruch in sich ist – wurde der Flirtverweigerer angesprochen. In diese Kategorie fallen Menschen, die sich nicht trauen zu flirten oder aber auch bereits so schlechte Erfahrungen gemacht haben, dass sie sich jeder neuen Erfahrung aus Angst davor, enttäuscht zu werden, verschließen.

Generell gelte, dass die Wahrscheinlichkeit für einen erfolgreichen Flirt am Höchsten sei, wenn sich zwei Menschen begegnen, die demselben Flirttypus entsprechen. Am schwierigsten stelle sich die Situation da, sollten zwei Menschen versuchen miteinander zu flirten, die den beiden unterschiedlichen Enden der Skala angehören. Ein Flirt zwischen einem „Aufreißertypen" und einem „Flirtverweigerer" habe beinahe keine Chance, in irgendetwas anderes als ein Desaster zu führen." Jede andere beliebige Kombination sei möglich, erfordere aber beiderseitige „Strategieanpassung". Das Gute an dieser theoretischen Erörterung sei jedoch, wie die Dozentin weiter ausführte, dass man sie in der praktischen Situation kaum brauche, da flirten und Partnersuche so tief verankerte Programme seien, dass sie beinahe automatisiert abliefen.

Nach den Ausführungen der Dozentin schoss Erik beinahe augenblicklich eine Frage durch den Kopf, die er der Dozentin unbedingt in der nächsten Pause stellen wollte: „Wenn flirten tatsächlich so ein automatisiertes Programm ist", wie die Dozentin behauptet, „welche Rolle spielt dann überhaupt die Tatsache, dass ich im Rollstuhl sitze?"

Erik war von dieser Annahme noch nicht unbedingt überzeugt, auch wenn er seit der Erfahrung mit Maren wusste, dass diese Behauptung zumindest in dieser Situation wahr gewesen war. Schließlich hatte er damals nicht bewusst beabsichtigt zu flirten, es war einfach geschehen und die Dinge hatten Ihren Lauf genommen.

Doch bis zur nächsten Pause sollte es noch eine weitere theoretische Ausführung zu Grundlagen des Flirtens geben, in diesem Fall ging es um so genannte „Suchbilder", umgangssprachlich auch gerne als „Beuteschema" bezeichnet. In der Kurzzusammenfassung lautete der Inhalt in etwa so: Suchbilder entstehen früh und ändern sich selten.

Häufigster Zeitpunkt für die Entstehung eines Suchbildes sei der erste ausführliche Kontakt zum anderen Geschlecht, der außerhalb des Elternhauses stattfinde. Gründe für eine Änderung des Suchbildes bestünden lediglich dann, wenn das bisherige Suchbild zu derart schlechten Erfahrungen geführt habe, dass sie prägend waren. Ein normales Scheitern einer Beziehung reiche dafür allerdings selten aus.

Noch während der Ausführung der Dozentin fühlte sich Erik an Svenja erinnert, seine „Freundin" aus der

Grundschule. Tatsächlich musste er sich eingestehen, dass sein Suchbild heute noch in etwa ihrem Aussehen und ihren Eigenschaften entsprach. Svenja und Erik waren nicht nur Klassenkameraden in der Grundschule gewesen, sie hatte auch eine Freundschaft verbunden und beide waren häufig im Haus des jeweils anderen zu Gast.

Die Tatsache, dass Svenja und Erik häufig gegeneinander beim Wettrechnen antreten mussten und sich in dieser Disziplin zwischen den beiden ein gesunder Ehrgeiz entwickelt hatte, mag ebenfalls einen gewissen Anteil daran gehabt haben, das Erik die Zeit mit Svenja wirklich genoss. Svenja war damals ungefähr so groß wie er gewesen, hatte lange blonde Haare, blaue Augen und bereits damals war erkennbar, dass sie eines Tages eine schöne Frau werden würde. Erik und Svenja hatten auch noch Kontakt, als sie längst erwachsen waren und das einzige, was für Erik überraschend gekommen war, war, dass die inzwischen verheiratete Svenja über einen Meter achtzig groß geworden war. Für Erik, der nicht einmal sicher war, ob er die Eins sechzig erreicht hatte, eindeutig zu groß, obwohl Svenja tatsächlich die erwartet hübsche Frau geworden war.

In der darauffolgenden Pause fasste sich Erik ein Herz und stellte der Dozentin die Frage nach der Rolle seiner Behinderung. Die Antwort der Dozentin war für Erik völlig überraschend, denn sie schien überhaupt nicht zu seinen bisherigen Erfahrungen zu passen. Die Dozentin antwortete ihm, dass ihrer Einschätzung nach Eriks Behinderung in Bezug auf das Flirten überhaupt keine Relevanz besäße. Es gehe lediglich darum, für die Dinge, die er nicht könne, gegebenenfalls Alternativstrategien zu entwickeln. Doch dazu würde sie im Anschluss an die Pause noch etwas mehr sagen, sodass Erik am zweiten Tag des Kurses, der genau eine Woche später stattfinden sollte, gern genauer nachfragen könnte.

Nach der Pause führte die Dozentin aus, wie das fest in uns verankerte Programm genau aussieht. Man könne dabei in etwa vom Beginn bis zum erfolgreichen Ende eines Flirts zehn Schritte unterscheiden. Schritt eins sei dabei nicht mehr, als dass sich die beiden potenziellen Partner sehen. Insgesamt bräuchten wir etwa sieben bis zehn Sekunden, um - beispielsweise in einer Disco- festzustellen, ob ein potenzieller Partner im Raum ist oder nicht. Wichtig sei dann, dass die Frau den ersten Blickkontakt suche. Suche ihn der Mann, ginge das in etwa fünfundneunzig Prozent der Fälle schief. Schade, dachte Erik bei sich. Sollte die Dozentin Recht behalten, würde dies bedeuten, dass er wieder einmal nicht aktiv suchen könnte, sondern darauf warten müsste, gefunden zu werden. Doch die Entwarnung kam prompt. Es würde dabei nämlich ausreichen, wenn die Auserwählte einen nur im Augenwinkel sehen würde. Es erfordere also keine aktive Blickaufnahme.

Sollte dies geschehen sein, müsse der potenzielle Partner schnell reagieren, dabei aber aufpassen, die Reaktion richtig zu dosieren. Eine kurze Blickerwiderung genüge. Hielte der Mann den Blick zu lange, wirke er aufdringlich und zu interessiert, sei die Blickerwiderung dagegen kurz, mache er sich interessant. Wenn dann tatsächlich beide Seiten Interesse hätten, den Flirt fortzusetzen, würde sich das Blickspiel mehrfach wiederholen und die Distanz zwischen den beiden Beteiligten jedes Mal kleiner werden, wobei die Verringerung der Distanz gerade so groß sein dürfe, dass man sie bemerke. Wenn die beiden potenziellen Partner dann, nach einer gewissen Zeit, entweder nebeneinander oder sich gegenüberstehen, dann hätten viele Menschen Unsicherheiten in Bezug auf den Gesprächsanfang oder die berühmte erste Frage. Oft führten genau diese Unsicherheiten dazu, dass ein eigentlich beidseitig gewollter Flirt an dieser Stelle nicht weiter geht.

Erik lernte, dass die Angst vor der ersten Frage eigentlich völlig unbegründet sei, denn an sie erinnere man sich ohnehin nur sehr kurz und Forschungen würden zeigen, dass die erste Frage beinahe keine Rolle spiele, wenn es darum ging, Erfolgschancen zu bewerten. Wichtig sei lediglich, dass man sie überhaupt stelle. Die oft gewählte Alternative, ein Getränk auszugeben, statt ein Gespräch anzufangen, sei deutlich weniger erfolgversprechend, da sie dem Gegenüber zu schnell die Absicht zu flirten signalisieren könnte und damit möglicherweise Angst erzeuge. Die einzige Alternative, die ebenfalls einigermaßen erfolgversprechend sei, wäre eine kleine unaufdringliche Handlung – wie das Anzünden einer Zigarette – zu übernehmen, da dies Aufmerksamkeit und Wichtigkeit signalisiere und eher Dankbarkeit als Angst erzeuge. An dieser Stelle würde nahtlos der Übergang in Phase zwei erfolgen, die dann aus dem Gespräch und gemeinsam verbrachter Zeit bestehe.

Sollten sich im Verlaufe dieses Gespräches gemeinsame Interessen, Überzeugungen oder Ansichten finden, so sei die Wahrscheinlichkeit für den Wunsch nach einem Wiedersehen – an dieser Stelle wäre genau der Übergang zu Phase drei – nicht mehr weit entfernt.

Sollte sich dieses Wiedersehen ergeben und eine der beiden Seiten flirttypische Handlungsmuster durchführen, wäre bereits Phase vier erreicht. Sollte auch dieses Treffen erfolgreich verlaufen, wäre der Weg zu einem Wiedersehen an einem weniger öffentlichen Ort (Phase fünf) geebnet. Die eben angesprochenen flirttypischen Handlungsmuster unterschieden sich je nach Geschlecht. Während Männer dazu tendierten, eher breitbeinig zu sitzen oder auch eine entspannte unverkrampfte Sitzhaltung einzunehmen (nach vorne rutschen auf dem Stuhl oder Ähnliches), seien die Zeichen bei den Frauen weit weniger offensichtlich, dafür aber häufiger zu beobachten. Zu ihnen würde gehören, dass Frauen häufig irgendetwas mit ihren Haaren machen, sei es eine angeblich oder tatsächlich herabfallende Strähne aus dem Gesicht entfernen oder das immer wieder neu gebundene Haargummi. Die Handtasche einer Dame könne ebenfalls zum untrüglichen Flirtsymbol werden. Da werde umständlich nach einem Gegenstand gekramt, von dem die Eigentümerin längst wisse, an welcher Stelle der Tasche er sich befinde, oder das Öffnen der Handtasche falle plötzlich unerwartet schwer. Die Liste solcher kleinen Zeichen ließe sich für beide Geschlechter noch um einige Punkte ergänzen, aber laut der Dozentin müsse man sich auch hierüber keine Gedanken machen. Man würde sie in der entsprechenden Situation ohnehin wahrnehmen, ohne in der Kommunikation darauf einzugehen.

Stattdessen sende man seinerseits bestärkende oder ablehnende Zeichen, durch Mimik, Gestik oder Körpersprache. Erik war fasziniert und glaubte dennoch nicht recht an das eben Gehörte.

Wie war es möglich, dass etwas, von dem alle Welt glaubte, dass es aktiv ablaufe, so passiv ablief und derart weit außerhalb unseres Einflussbereiches schien? Schließlich hatte die Dozentin gesagt, dass wir selbst die Handlungen, die unserem Gegenüber die Zeichen aussenden, allenfalls unterbewusst steuern. Auf der anderen Seite würde genau das für Erik bedeuten, dass seine Behinderung bedeutungslos wäre, da die Auslöser für dieses Verhalten nur in gewissem Maße mit körperlichen Attributen zu tun hätten. Die Äußerlichkeiten, die doch eine Rolle spielten (in neunzig Prozent der Fälle achtete man auf eine beliebige Kombination aus Augen und Lächeln), besaß auch Erik und sie waren nicht durch seine Behinderung beeinflusst.

Mit diesen Erkenntnissen endete der erste Tag des Flirtkurses. Am zweiten Seminartag folgten nur noch verschiedene Rollenspiele, in denen man die theoretischen Grundlagen aus der ersten Woche anwenden sollte. Da diese praktische Erfahrung für Eriks weitere Entwicklung in Sachen Flirt aber keine größere Bedeutung haben sollte, verzichte ich an dieser Stelle auf eine ausführliche Darstellung, sondern beschränke mich lediglich darauf, dass Erik mir immer wieder sagte, wie sehr er schüchternen Menschen oder anderen Menschen, die in Flirtsituationen Schwierigkeiten haben, die Teilnahme an solchen Kursen empfehlen würde.

Abschließen möchte ich dieses Kapitel mit einer kurzen Episode, die mir Erik einige Tage nach Beendigung des Kurses anvertraut hatte. Er habe sich in einem Fahrstuhl auf dem Weg zur Uni-Mensa tatsächlich getraut, eine ihm völlig unbekannte Frau anzusprechen und zumindest für die Dauer einer Fahrstuhlfahrt sei so etwas wie Small Talk entstanden. Es schien, als habe der Kurs etwas gebracht und wir waren beide gespannt, wie die zukünftige Entwicklung aussehen würde.

Das „Beinahe-Wunder"

Mit den neuen Erkenntnissen aus dem Flirtkurs und der ersten positiven Erfahrung, die er mit der Anwendung des dort Gelernten erzielt hatte, war Erik optimistischer geworden, dass sich der Traum von einer Freundin doch noch eines Tages erfüllen würde und dass dieser Tag vielleicht nicht mehr allzu lange auf sich warten lassen würde. So ging er wie gewohnt seinem Studium nach und absolvierte seine Kurse mit gewohnter Leistungsfähigkeit, wobei es ihm manchmal schwerfiel, seine Konzentration von der Wunde und dem Wunsch nach einer Freundin abzulenken.

So kam es, dass er eines Tages in einem Universitätskurs saß, in dem es um die „Zukunft der Arbeit in Deutschland" gehen sollte. Dort fiel ihm gleich zu Beginn ein hübsches Mädchen auf, die seinem Suchbild entsprach und offensichtlich sehr intelligent war. Erik und die hübsche Frau verfolgten den Kurs konzentriert, dennoch ertappte sich Erik dabei, wie er versuchte, das hübsche Mädchen aus dem Augenwinkel anzusehen. Die Reaktion des Mädchens überraschte ihn und war vielversprechend.

Maren, ja, sie hatte den gleichen Namen wie das Mädchen aus dem Reitstall, erwiderte den Blick und lächelte ihn an. Erik versuchte, zurück zu lächeln. Er hatte aber keine Ahnung, ob ihm das gelungen war. Die Antwort sollte Erik in der darauffolgenden Woche erhalten. Sie war mehr, als er zu hoffen gewagt hatte. Maren kam an diesem Tag nach Erik in den Seminarraum und wählte unaufgefordert den Platz neben ihm. Dieser konnte sein Glück kaum fassen, hatte er es doch zum ersten

Mal ohne jedes Wort geschafft, dass eine Frau, die er hübsch fand, in seiner Nähe Platz nahm und sie so Zeit miteinander verbringen konnten, selbst wenn sie natürlich eher dem Kursinhalt folgen mussten, anstatt sich gegenseitig kennenlernen zu können. Dennoch genoss Erik die Zeit an diesem Tag ganz besonders und es schien ihm, als wäre dieser Kurs schneller vergangen als sonst üblich.

Bestärkt von den Erlebnissen aus dem Flirtkurs und dadurch, dass Maren selbst den Platz neben ihm gesucht hatte, traute sich Erik, nach Ihrer E-Mail-Adresse zu fragen. Zu seiner Überraschung bekam er sie. Maren hatte keine Fragen gestellt und auch sonst nicht gezögert. Langsam begann sich Erik zu fragen, was dieser Flirtkurs mit ihm angestellt hatte, beziehungsweise waum er es bislang als so schwer empfunden hatte Frauen anzusprechen. War doch eigentlich ganz einfach.

Von diesem Tag an saßen Maren und Erik an allen folgenden Veranstaltungstagen dieses Kurses nebeneinander und es erschien Erik fast, als sei es das Natürlichste der Welt. Niemals zuvor hatte Erik einen Verlauf des Zusammentreffens mit einer Frau - oder auch die Kommunikation mit ihr - als so natürlich und ungezwungen empfunden, wie hier in diesem Kurs mit Maren, die nicht nur den gleichen Namen trug, sondern auch äußerliche Ähnlichkeiten mit Maren aus dem Reitstall besaß. So erschien es Erik nur logisch, dass er Maren fragen würde, ob sie mal zusammen ein Eis essen gehen würden, denn schließlich war schon wieder Sommer geworden. Seit Beginn der Geschichte, der dieses Werk seine Existenz verdankt, war bereits ein Jahr vergangen.

Erik nahm sich nicht nur vor, Maren nach dem Eis zu fragen, sondern er setzte dies – beinahe zu seiner eigenen Verblüffung – auch in die Tat um. Mit ungläubigem Staunen registrierte er, dass Maren seine Einladung annahm. Er war derart überrascht, dass er sich zwingen musste, nicht noch einmal nachzufragen, ob er richtig gehört hatte.So kam es, dass er wenige Wochen später mit Maren in einem Eiscafé saß und die beiden Studenten bei strahlendem Sonnenschein ihre ersten gemeinsamen Stunden außerhalb der Uni genossen.

Das Gespräch, das sich zwischen den beiden entwickelte, verlief ähnlich ungezwungen, wie die in der Universität beschriebenen Gespräche und Zusammentreffen. Die zweieinhalb Stunden, die Maren und Erik im Eiscafé verbrachten, schienen für Erik wie im Flug zu vergehen. Mittlerweile hatte er erfahren, dass Maren nicht nur Soziologie studierte, wie er selbst, sie war auch politisch engagiert und Abgeordnete im Stadtteilparlament.

Als Dankeschön für die Einladung zum Eis lud Maren Erik zu einer Veranstaltung ein, die für das kommende Wochenende geplant war und sich mit der politischen Weiterentwicklung des Stadtteils beschäftigen sollte, in dem die beiden sich getroffen hatten. Es war ein buntes Fest geplant, mit Essen, Trinken, Musik, Spiel und Spaß und natürlich politischer Information. Als Erik an diesem Tag das Eiscafé verließ, konnte er kaum glauben was gerade geschehen war. Hatte ihn wirklich eine Frau eingeladen? Hatte er das nicht nur geträumt? Am liebsten hätte Erik seinen Begleiter gefragt, ob dieser ihn einmal kneifen könne, damit Erik wusste, dass es wahr war und er eben nicht geträumt hatte.

Da die Veranstaltung an einem Sonntag stattfinden sollte, blieb Erik nicht viel anderes übrig, als für dieses Ereignis erneut seine Eltern um die Begleitung zu bitten. Er erzählte ihm alles, was er über Maren wusste. Lediglich die beiden Tatsachen, dass er Maren hübsch fand und die beiden zusammen bereits ein Eis gegessen hatten, verschwieg er seinen Eltern. Die Reaktion seiner Eltern fiel diesmal so aus, wie er sie über Jahre kannte und wir er sie sich auch für das Treffen mit Maren im Reitstall gewünscht hätte. Selbstverständlich würden seine Eltern ihn zu der Veranstaltung begleiten und sie freuten sich darauf, Maren kennenzulernen. So kam es dann auch am darauffolgenden Sonntag.

Maren begrüßte Erik und seine Eltern freundlich, verbrachte etwas Zeit mit ihnen und entschuldigte sich wenig später, da sie als Fraktionsvorsitzende im Stadtparlament einige weitere Gäste begrüßen müsse. Sie würde später noch einmal wiederkommen und dann hätte sie auch etwas mehr Zeit, sich mit Erik und seinen Eltern zu unterhalten. Auch dieses Versprechen löste Maren ein und insgesamt war der Tag zwar nicht ganz so verlaufen, wie Erik sich das erhofft hatte, aber dennoch zufriedenstellend. Vielleicht, so musste er sich eingestehen, war Eriks Hoffnung, dass er an diesem Tag noch mehr Zeit mit Maren verbringen könnte angesichts des Ortes und der Veranstaltung ja auch übertrieben gewesen.
Und überhaupt: Was war das eigentlich? Hatten die beiden schon miteinander geflirtet? War das der Beginn eines Flirts? War es eine Freundschaft, die einfach schön war? Erik konnte sich keine dieser Fragen beantworten, war sich aber zum ersten Mal sicher, dass er mit dieser Frau gern flirten wollte, wenn er es nicht schon längst getan hatte.

Der Kontakt zwischen Maren und Erik blieb stabil und harmonisch und Erik gestand sich zunehmend ein, dass er nichts dagegen hätte, wenn Maren seine erste Freundin würde. Beide sprachen regelmäßig miteinander und schrieben sich Mails, aber eine weitere Verabredung gab es zunächst einmal nicht. Dann sollte Erik schließlich die Antwort auf all die Fragen erhalten, die ihm in letzter Zeit immer häufiger durch den Kopf schossen. Hatte Maren einen Freund? Würde Maren Erik als Freund überhaupt akzeptieren? Hatte sie überhaupt bemerkt, dass Erik sie attraktiv fand und sah sie ihn überhaupt als potenziellen Partner an?

Der Anlass, zu dem er die Antworten auf die Fragen erhielt, war Eriks sechsundzwanzigster Geburtstag. Diesen wollte er – quasi als Entschädigung für den ausgefallenen Geburtstag im letzten Jahr – mal wieder mit seinen Freunden in einer kleinen, aber gemütlichen Runde feiern. Selbstverständlich sollte auch Maren zu den Gästen gehören. Zu seiner großen Freude nahm Maren Eriks Einladung noch am selben Tag, an dem er sie ausgesprochen hatte, an. Sie würde mit dem Zug kommen und ihr Freund würde sie dann am Ende der Party von Eriks Eltern, wo die Party stattfand, abholen.

Nun war es also gesagt, Maren hatte einen Freund. Irgendwie hatte es Erik ja bereits geahnt, und eigentlich hatte er auch damit gerechnet. Dennoch war er irgendwie auch traurig darüber, dass der Flirt mit Maren nun enden musste, noch bevor er eigentlich richtig begonnen hatte. Der Partyabend verlief trotz allem sehr harmonisch.

Maren war einer der ersten Gäste gewesen, die überhaupt gekommen waren. Eine Szene, die sich auf der Party ereignete, muss für Erik dennoch wunderschön und irgendwie auch merkwürdig gewesen sein. Irgendwann ergab es sich, dass alle der inzwischen vollständig anwesenden Gäste in der Küche versammelt waren, um sich entweder etwas zu essen oder zu trinken zu holen. Einzig Erik und Maren waren noch in Eriks Zimmer geblieben und hatten so etwas Zeit sich miteinander zu unterhalten.

Einige Zeit nach der Party sprach Georg Erik darauf an, wie es denn war, mit Maren allein im Zimmer zu sein. Er hätte irgendwie den Eindruck gehabt, dass Erik und Maren ein schönes Paar gewesen wären. Erik lachte und war gleichermaßen etwas verwirrt, denn er hätte nie gedacht, dass seine Zuneigung zu Maren so offensichtlich gewesen wäre oder dass man es sogar sehen konnte, dass Maren etwas mehr hätte sein sollen, als nur eine Freundin. Die Party war sehr lang gewesen, die letzten Gäste gingen etwa gegen halb eins in der Nacht, Maren hatte die Party auch erst gegen dreiundzwanzig Uhr verlassen. Erik genoss es, dass er es wieder einmal geschafft hatte, mit all seinen Freunden zusammen zu sein. Alle waren tatsächlich gekommen. Dieser Abend brachte zwei wunderbare Erkenntnisse: er hatte Eriks Wunde, die für seine Eltern immer noch eine sehr große Rolle spielte, zumindest vorübergehend in den Hintergrund treten lassen und er hatte ihm gezeigt, dass er Freunde hatte, auf die er sich auch in schwierigen Situationen und Zeiten verlassen konnte.

Diese beiden Erkenntnisse sowie die Tatsache, dass er es geschafft hatte, Maren anzusprechen und sie auch zu seiner Party gekommen war, ließen Erik ertragen, dass sein erster ernsthafter Flirt gescheitert war, ohne dass er überhaupt einen eigentlichen Korb bekommen hatte. Am Abend der Party hatten Maren und er einfach eine wunderschöne Zeit miteinander verbracht und diese Erfahrung würde ihm bleiben. Aus der Party, die er gefeiert hatte, schöpfte Erik neue Energie und Hoffnungen.

Neuland

Das nun folgende Kapitel hat eigentlich nichts mit Eriks Suche nach einer Freundin im engeren Sinne zu tun, dennoch sollte es für Eriks Entwicklung eines der wichtigsten überhaupt werden und zweifelsohne das wichtigste im Hinblick auf die Unmöglichkeit der Liebe oder seinen Umgang mit Frauen. Zwischen die Party zu seinem 26. Geburtstag und dem Beginn des Semesters hatte sich ein Ereignis geschlichen, dass Erik nicht hatte beeinflussen können.

Der Zivildienstleistende, der Erik noch zur Beratungsstelle begleitet hatte, hatte das Ende seiner Dienstzeit erreicht und der Kostenträger hatte Erik mitgeteilt, dass das neue Angebot der Dienststelle, die bislang Eriks Zivildienstleistende zur Verfügung gestellt hatte zu teuer geworden war und man sich mit einem neuen Anbieter, den Erik bereits kannte und der ihm bereits zu seiner Schulzeit für einen kurzen Zeitraum betreut hatte, verständigt habe dass dieser in Zukunft eine persönliche Assistenz zur Verfügung stellen sollte.

Was genau eine persönliche Assistenz war, wusste Erik zu diesem Zeitpunkt selbst noch nicht, ihm wurde aber versichert, dass das Leistungsangebot nicht schlechter werden würde. So stimmte auch Erik der Veränderung zu, wobei er sich öfter fragte ob er überhaupt eine Alternative gehabt hätte. Wenige Tage später erreichte ihn ein Anruf seines neuen Assistenzdienstleisters. Am Telefon begrüßte ihn eine Stimme, die er bereits von früher kannte. Es war der Leiter der Dienststelle, die Erik zukünftig die Assistenten zur Verfügung stellen sollte.

Seine erste Frage überraschte Erik. Sie lautete schlicht, ob Erik sich auch vorstellen könnte, mit einer Frau zusammenzuarbeiten. Sie überraschte ihn aus zwei Gründen ganz besonders: zum einen war ihm nicht bewusst, warum das Geschlecht einer Assistenzkraft Einfluss auf die Zusammenarbeit haben sollte und zum anderen überraschte ihn, dass es ausgerechnet jetzt, wo das Thema Frauen auch für ihn zu einem Thema geworden war, zu dieser Fragestellung gekommen war.

Von alldem sagte er natürlich am Telefon nichts, sondern antwortete nur, dass für ihn das Geschlecht seiner Assistenzkraft allenfalls eine untergeordnete Rolle spiele, solange die Chemie stimmte. So einigte man sich darauf, dass man Erik die junge Dame in den nächsten Tagen vorstellen würde. So kam es dann auch. Noch am selben Tag meldete sich die Kandidatin, die sich als Isabelle vorstellte, um einen Termin für das Vorstellungsgespräch zu vereinbaren. Die beiden einigten sich auf einen Termin, der zwei Tage später stattfinden sollte. Etwas aufgeregt aber zufrieden legte Erik den Telefonhörer auf und war gespannt auf das, was ihn erwartete. Die nächsten zwei Tage verliefen relativ unaufgeregt und ziemlich normal wie die meisten anderen Tage in Eriks Leben auch. Dann war der Zeitpunkt des Vorstellungsgespräches gekommen.

Die junge Frau, die vor der Tür stand, stellte sich zunächst einmal höflich vor, um dann in Eriks Zimmer zu gehen und ihrem möglicherweise neuen Klienten kennen zu lernen. Seltsamerweise verspürte Erik nur Aufregung, aber das Gespräch kam ohne größere Vorlaufzeit in Gang. Isabelle erzählte ihm, dass sie selbst Studentin war und ebenfalls an ihrer Diplomarbeit

Sie studierte Kunst und Geschichte an einer etwas weiter entfernten Universität und müsse jetzt nur noch selten etwas dort erledigen und könnte den Rest von zuhause machen. Sie freue sich darauf, Erik bei dieser Aufgabe zu unterstützen.

Erik selbst fand Isabelle ausgesprochen sympathisch und irgendwie schien es, als hätten die beiden quasi überhaupt keine Vorlaufzeit gebraucht, um sich miteinander zu verstehen. Erik war sich sicher, dass Isabelle die erste Frau werden würde mit der er zusammenarbeite. Offen erzählte er ihr von seiner Behinderung und auch davon, wie er sich seine Diplomarbeit und ihren Entstehungsprozess vorstellte. Aber es blieb nicht nur bei der routinemäßigen Vorstellung. Erik erzählte ihr auch von seinen Hobbys und seine Leidenschaften. Einzig die Tatsache, dass er Single war und sich langsam begann für das andere Geschlecht zu interessieren, ließ er an dieser Stelle noch unerwähnt.

Bei aller Sympathie konnte er einfach nicht einschätzen, wie Isabelle darauf reagieren würde und ob sie vielleicht eine seiner Bemerkungen in den falschen Hals bekäme und so eine neue Erfahrung beendet werden könnte, bevor sie überhaupt begonnen hätte. Es gehörte einfach nur nicht an diese Stelle, aber irgendwie spürte Erik instinktiv, dass sich das irgendwann einmal ändern würde.

Nachdem etwa anderthalb Stunden Vorstellungsgespräch wie im Flug vergangen waren, verabschiedeten sich Erik und Isabelle voneinander mit der Aussage, dass sie beide dem Assistenzdienstleister eine Rückmeldung geben würden und man in den nächsten Tagen wisse, ob man zusammenarbeiten können werde.

Erik schrieb eine E-Mail, dass er sich eine Zusammenarbeit mit Isabelle gut vorstellen könne, keine halbe Stunde später. Auch Isabelle hatte noch am selben Abend bestätigt, dass sie ihre neue Aufgabe antreten wollte.

Etwas über zwei Wochen arbeiteten Erik und Isabelle zusammen, ohne dass es Anlass oder Gelegenheit gegeben hätte, das Thema seines Singledaseins anzuschneiden. Irgendwie war er sich immer noch nicht sicher, zumal Isabelle bereits im Vorstellungsgespräch ihren langjährigen Freund erwähnt hatte und sie somit in einer festen Beziehung war. Dann plötzlich, während einer Autofahrt zur Universität, kam das Thema doch zur Sprache und mit einem etwas mulmigen Gefühl im Bauch antwortete Erik offen und ehrlich, dass er zwar Single sei, ihm dieser „Zustand" aber allmählich gehörig auf die Nerven ginge und er etwas daran ändern wolle. Er erzählte Isabelle auch, dass er bereits begonnen hatte etwas zu ändern, indem er sich an Online-Singleportalen beteiligte, diese Beteiligung aber bislang zu keinen nennenswerten Ergebnissen geführt habe. Erik bat Isabelle auch darum, ihn darauf hinzuweisen, sollte er eine Bemerkung machen, die ihr zu weit ginge oder Grenzen überschreite.

Isabelles Antwort überraschte ihn in gleich zweifacher Hinsicht: erstens versprach sie ihm, das natürlich zu tun, ohne dass daraus gleich die Gefahr entstünde, dass sie nicht mehr mit ihm arbeiten wolle und zweitens versprach sie ihm, dass sie versuchen würde, ihn im Rahmen ihrer Möglichkeiten bestmöglich, bei seinem Herzenswunsch zu unterstützen und ihm dabei zu helfen, dass er ihn sich eines Tages würde erfüllen können.

Hatte Erik der gerade zum ersten Mal so etwas wie Verständnis und Unterstützung für seinen Wunsch erfahren? Und dann auch noch von einer Frau?

Erik war irgendwie erleichtert und perplex gleichermaßen, denn mit einer so positiven Antwort von einer ihm beinahe noch unbekannten Frau hatte er nun wirklich nicht gerechnet. Wie ernst es Isabelle mit ihrem Versprechen war, sollte Erik an verschiedenen Stellen der Geschichte noch erfahren.

Eine erste Kostprobe bekam er wenig später. Während er mit Isabelle allein in der Mensa saß, um etwa eine Stunde freie Zeit zwischen zwei Vorlesungen zu überbrücken, schlug sie ihm vor, doch mal außerhalb des Internets nach Möglichkeiten zu suchen, Frauen, die Single waren, zu begegnen. Ihr erster Vorschlag waren zwei Stadt-Illustrierte, von denen Isabelle wusste, dass sie Kontaktanzeigen enthielten und dass man sie in der Unibuchhandlung würde günstig erwerben können. Die beiden diskutierten den Vorschlag kurz und da Erik weder etwas dagegen einzuwenden hatte noch ihm eine sinnvolle Erwiderung einfiel, hatten die beiden soeben in stillem Einvernehmen beschlossen, dass sie bei nächster Gelegenheit in die Unibuchhandlung gehen würden, um die zwei Zeitungen zu kaufen. Isabelle würde die Exemplare mitnehmen, sodass sie die Kontaktanzeigen immer dabeihätten, wenn sie zusammen wären. Außerdem würde das die Gefahr minimieren, dass Erik Eltern anfingen, Fragen zu stellen, vor denen er sich damals noch gefürchtet hätte. Am darauffolgenden Tag hielt Erik zum ersten Mal eine Zeitung in der Hand in der festen Absicht, die Kontaktanzeigen durchzusehen, ob jemand passendes für ihn dabei wäre.

Tatsächlich sollte das nicht lange dauern, bis Erik eine ansprechende Kontaktanzeige fand. Bereits in der zweiten oder dritten Ausgabe, die Isabelle und Erik zusammen durchsuchten, war es soweit. Nun stellte sich für ihn die nächste Frage: wie antwortete man auf eine solche Anzeige? Ehrlich, oder sollte man sich besser machen als man war? Sollte er seine Behinderung erwähnen oder nicht? Und sollte er versuchen kreativ zu sein? Diese Fragen besprach er intensiv mit Isabelle und kam in etwa zu folgenden Ergebnissen:

Er würde seine Behinderung erwähnen, schließlich gehörte sie zu ihm und ihm und sie unerwähnt zu lassen würde ihm allenfalls etwas mehr Zeit bis zur Wahrheit verschaffen, nicht aber die Realität verändern und es wäre zudem eine sehr schlechte Basis, um von dort aus etwas aufzubauen. Die ähnlichen Argumente veranlassten Erik auch dazu, auf eine verbale Verbesserung seines Äußeren oder eine geschönte Beschreibung seines Wesens zu verzichten.

Die Frage nach der Kreativität beantwortet sich für Erik während eines Besuches in der Unibuchhandlung. Dort wurden natürlich auch Postkarten verkauft. Erik fiel dabei ein Exemplar ins Auge, das er zuvor noch nie gesehen hatte. Genau genommen bestand die Postkarte aus vier einzelnen Postkarten, die jeweils ein Viertel einer Sonnenblume zeigten. Das eröffnete die Möglichkeit, zum einen den Text etwas länger und etwas ausführlicher zu gestalten als dies auf einer normalen Postkarte der Fall gewesen wäre und zum anderen ermöglichte es, die Postkarte in beliebiger Reihenfolge in den Briefumschlag zu stecken, sodass die Unbekannte erst einmal herausfinden musste, in welcher Reihenfolge die

Postkarte zu lesen war. So verfasste Erik zum ersten Mal in seinem Leben eine Postkarte, die darauf ausgerichtet war, eine völlig fremde Person näher kennen lernen zu wollen.

Er war aufgeregt. Was würde passieren? Würde sie tatsächlich antworten? Wie würde sie auf seine Behinderung reagieren? Erik hatte sich entschieden, in der Postkarte seine tatsächliche Adresse anzugeben. Sollte sie tatsächlich antworten, so war es immer noch möglich, dass es sich einfach um einen Brief handelte, über dessen Inhalt seine Eltern ihn bestimmt nicht ausfragen würden.

Etwa eine Woche später bekam Erik tatsächlich eine Antwort von der Unbekannten. Sie bedankte sich für die Zuschrift, die sie explizit als kreativste lobte, die sie auf diese Kontaktanzeige erhalten hatte. Leider sollte der Rest der Nachrichten, die die Unbekannte für ihn hatte, nicht so positiv werden.

Freundlich, aber doch bestimmt ließ sie ihn wissen, dass sie kein Interesse an ihm habe. Schade, dachte Erik, aber das hatte doch gar nicht so schlecht begonnen, sich mit den Kontaktanzeigen der Zeitungen zu beschäftigen. So beschloss er zunächst einmal, auf diesem Wege weiterzumachen. Isabelle und er gingen regelmäßig in die Unibuchhandlung, damit Erik sich jeden Monat kurz nach dem Erscheinen die neue Ausgabe der zwei Stadt-Illustrierten kaufen konnte, für die er sich zunächst entschieden hatte. Die Auswahl für diese beiden Zeitungen hatte er aus mehreren Gründen getroffen. Zum einen waren sie günstig zu kaufen gewesen – eine Ausgabe kostete jeweils einen Euro – und zum anderen, so hoffte Erik, würden dort überwiegend Singles aus der Region inserieren, was für Erik von großer Bedeutung war. Denn bei aller Sehnsucht nach einer Beziehung wusste Erik auch, dass eine Fernbeziehung für ihn beinahe unmöglich zu führen gewesen wäre.

Tatsächlich stellte er fest, dass es fast in jeder Ausgabe eine Frau gab, die für Erik interessant genug war, sie anzuschreiben. Und noch etwas fiel ihm auf. Je öfter er Kontaktanzeigen las, desto leichter fiel es ihm, den Ton der Kontaktanzeige aufzugreifen und zum Beispiel auf die in ihr verwendeten Bilder einzugehen oder in ähnlichen Bildern zu antworten.

Ab dem dritten oder vierten Monat, erinnerte sich Erik, hatte es ihm sogar begonnen Spaß zu machen und es war ihm immer weniger wichtig gewesen, ob ihm jemand antwortete oder nicht. Natürlich hoffte er es jedes Mal und auch die Enttäuschung, wenn dem wieder einmal nicht so war, stellte sich nach wie vor unvermittelt ein, aber dennoch verlor Erik lange nicht die Motivation, in der nächsten Ausgabe wieder zu suchen und wieder zu hoffen. Erst nachdem er unzählige Ausgaben verschiedener Illustrierten durchgelesen und auf etwa 30-40 Kontaktanzeigen geantwortet hatte, war Erik wieder auf dem Level der Enttäuschung angelangt, das ihn die Kontaktanzeigen hatte durchsehen lassen.

Doch dann hatte Isabelle während eines gemeinsamen Ausflugs eine grandiose Idee. Warum sollte Erik nicht einmal selbst eine Kontaktanzeige schreiben? Auch die Frage, wie er das denn mit seinen Eltern machen sollte, beantwortete Isabelle für ihn.

Ihr Freund habe genau dieselben Initialen wie Erik, sodass es, solange Erik nur mit seinem Vornamen unterschreibe, nicht weiter auffallen würde, wenn man ihre Adresse als Postadresse angeben würde. Sie habe bereits mit ihrem Freund darüber gesprochen und er habe seinerseits keinerlei Einwände und beide würden sich freuen, wenn sie Erik auf diese Weise behilflich sein können.

Hatte Erik richtig gehört? Ungläubig und völlig erstaunt fragte er bei Isabelle noch einmal nach. Sie wiederholte fast wortgleich, was sie 30 Sekunden zuvor gesagt hatte. Immer noch ungläubig bat Erik Isabelle darum, dass ihn in den Arm kneifen möge, damit er wisse, dass er nicht träume. Widerstrebend tat Isabelle auch das und so wusste Erik, dass es nicht mehr lange dauern würde, bis er seine erste eigene Kontaktanzeige schreiben würde.

Im nächsten Monat war es dann soweit. Es war gar nicht so einfach, erinnert sich Erik noch heute, einen Text zu schreiben, der nichts beschönigte, neugierig auf ihn machte und trotzdem verbarg, wie heftig seine Sehnsucht inzwischen geworden war. Es fiel ihm immer schwerer, nicht jedem Mädchen, das er hübsch fand, in auffallender Weise hinterher zu sehen. Manchmal bemühte er sich, das Bedürfnis zu unterdrücken, oft gab er aber auch einfach nach und ließ seinen Blicken freien Lauf, in der Hoffnung, dass niemand daran Anstoß nehmen würde. Was den Text anging, so benötigte Erik, der ein bisschen stolz darauf gewesen war, wie gut und einfach er Dinge formulieren konnte, unglaublich viele Versuche, bis er zufrieden war. Entweder schien ihm die Anzeige zu plump, zu offen, zu lang, zu uninteressant - was ihn genau zu letzterer Annahme veranlasst hatte, konnte er nie genau sagen – oder was auch immer. In der Erinnerung war es erst der zehnte oder elfte Versuch gewesen, der Eriks strenge Endkontrolle bestanden hatte.

Schlussendlich hatte sich Erik für eine Anzeigenversion entschieden, die irgendwie eine Mischung aus allen in seinem Kopf konkurrierenden Ideen darstellte- Rückblickend sagt er, dass der Entwurf vielleicht auch verwirrt haben könnte, Erik sich aber auf diese Weise sicher war, dass er sich von der „Durchschnittskontaktanzeige" ausreichend unterschied, um aufzufallen.

Für dieses Buch stellte mir Erik seine erste Kontaktanzeige, die im Laufe der Jahre nicht seine letzte bleiben sollte und die immer wieder kleineren und größeren Veränderungen unterzogen werden sollte, zur Verfügung. Sie lautete:

Hilferuf eines rollenden Herzens!

Hallo, hier spricht das Herz von Erik (26). Ich habe keine Lust mehr allein zu sein. Stattdessen sehne ich mich nach jemandem, der mich in den Arm nimmt und nach gemütlichen Stunden zu zweit. Ich weiß, mein "Besitzer" bewegt sich auf vier Rädern anstatt auf zwei Beinen durchs Leben und hat auch nicht gerade Gardemaß (160 cm). Aber er studiert Soziologie und Englisch und charakterlich ist er einfühlsam, (oft zu) ehrlich und immer eine Frohnatur. Er ist verrückt nach Pferden, geht sehr gern ins Kino, liest und hört viel Musik. Was er nicht mag, sind Mitleid, Unehrlichkeit und (zu viel) Alkohol und Zigaretten. Wenn du einen fröhlichen Charakter hast, aus der näheren Umgebung von Bremen kommst und dir vorstellen könntest, dass der Froschkönig, in dem ich im Moment schlage, vielleicht genau deine Rollimaus werden kann, dann schreibe doch bitte!

Mit diesem Entwurf war Erik zufrieden. Über drei Stunden hatten er und Isabelle daran gefeilt, verbessert, gestrichen, korrigiert und ergänzt. Die Tatsache, dass er dies mit Isabelle konnte, verwunderte ihn. Warum ging dies alles mit einer Frau so viel einfacher, als mit einem Mann?
Schließlich hatte Erik an Frauen doch viel mehr und ein anderes Interesse als an Männern. Diese Frage kann Erik sich und allen anderen übrigens bis heute nicht beantworten. Noch etwas sollte Erik übrigens an dieser Anzeige wundern: Die Kosten ihrer Veröffentlichung.

Sicher hatten Erik und auch Isabelle die Bedingungen und Kosten studiert, aber dass die Anzeige, selbst mit den in Kontaktanzeigen üblichen und manchmal kryptisch anmutenden Abkürzungen – die ich für die Veröffentlichung in diesem Buch wieder durch das vollständige Wort ersetzt habe, um auch Lesern das Verständnis zu ermöglichen, die zum ersten Mal bewusst einer Kontaktanzeige begegnen, -inklusive aller Gebühren über vierzig Euro kosten sollte, verwunderte beide.

Aber, Erik wollte es auf diesem Weg probieren. Er hatte irgendwie den Eindruck gewonnen, dass es bei Kontaktanzeigen auf bedrucktem Papier weniger Möglichkeiten gab, an Frauen zu geraten, die es in Wirklichkeit vielleicht gar nicht gab, oder die einfach nur vergessen hatten, ihr Profil zu löschen. Das Ergebnis dieses ersten Versuches verlief allerdings noch ernüchternder, als die Versuche, auf Kontaktanzeigen von Frauen zu antworten.

Nicht ein einziger Brief kam für ihn in seinem geheimen Postfach an. Auch Isabelle fand diese Tatsache traurig und unverständlich. Sie spendete Erik Trost und irgendwie wussten beide, dass sie den „Weg zur Frau für Erik" noch für einige Kapitel dieses Buches zusammen gehen würden.

Glücksfall Stau

Das nächste längere Kapitel der Geschichte um Eriks unerfülltes Liebesleben beginnt knapp eineinhalb Jahre nach der Geburtstagsparty bei seinen Eltern, von der im vorletzten Kapitel die Rede war, mit etwas, das Erik während seiner gesamten Studienzeit selten erlebt hatte. Mit einem Stau auf der Autobahn!

Bevor Sie fragen, was ein Stau auf der Autobahn mit den unerfüllten Sehnsüchten eines Rollstuhlfahrers zu tun hatte, werde ich Ihnen das besser gleich sagen: eigentlich nichts, aber ohne diesen Stau hätte sich dieser Teil der Geschichte vermutlich nie ereignen können. Erik hatte zum ersten Mal in seinem Leben eine Vorlesung, die entgegen sämtlicher studentischer Gewohnheiten, bereits morgens um 8:00 Uhr beginnen sollte. „Pünktlich!!" hatte die Dozentin zudem mit doppeltem Ausrufungszeichen im Vorlesungsverzeichnis vermerken lassen.

Diese Vorlesung war erforderlich, damit Erik seinen letzten notwendigen Schein zur Erreichung der Voraussetzungen für seine Diplomprüfung in Englisch erwerben konnte. Es ging um englische Sprachpraxis und Literatur. Doch bereits in der ersten Vorlesungswoche stand Erik, obwohl er bereits um 7:15 Uhr das Haus verlassen hatte und die Fahrt zur Uni eigentlich selten länger als 20 Minuten dauerte, im Stau. Grund war ein querstehender Lkw gewesen und der Stau würde auch sicher dazu führen, dass er kaum vor 9:00 Uhr in der Uni würde sein können.

Als er endlich ankam, versuchte er noch, wie geplant

in die Veranstaltung zu kommen indem er sich bei der Dozentin entschuldigte und die Situation des Morgens erklärte. Die Dozentin erwies sich als ungewöhnlich streng und tadelte Erik dafür, dass er nicht pünktlich gewesen war und lehnte ab, dass er jetzt noch in diese Veranstaltung würde gehen können.

Stattdessen bot sie ihm an, in die Alternativgruppe zu gehen, die um 10:00 Uhr beginnen sollte und zu der Erik dann selbstverständlich pünktlich würde erscheinen können. Das würde allerdings auch bedeuten, dass er dann immer in der 10-Uhr-Gruppe bleiben müsste. Erik war dankbar für diesen Kompromissvorschlag und verbrachte die folgende halbe Stunde, die bis zum Beginn der Alternativgruppe noch zu überbrücken war, in einer der zahlreichen Uni-Cafeterien bei einem Latte macchiato und fand, dass es dort trotz der doch knapp bemessenen Zeit recht gemütlich war. Die Zeit war für Eriks Verhältnisse knapp geworden, da mein Freund nicht gut heiß trinken konnte und der Kaffee zunächst – wie er später von einer anderen Bekannten erfuhr, nachdem dieser das Mutterglück zuteilgeworden war – auf Babyflaschentemperatur abgekühlt beziehungsweise mehr oder weniger lauwarm sein musste.

Nach der unfreiwilligen Kaffeepause, die Erik auf wundersame Weise geholfen hatte, richtig wach zu werden und die Ereignisse des Morgens fürs Erste zu vergessen, startete Erik also nun in den zweiten Versuch, den Englischkurs zu besuchen. Was dann passierte war so merkwürdig und außergewöhnlich, dass Erik zunächst einmal nichts begriff. Kurz nachdem er seinen Platz eingenommen hatte, spürte er, dass hinter ihm jemand vorbei ging. Genauer gesagt spürte er es nicht wirklich, sondern ihm begegnete ein ausgesprochen angenehmer und sanfter Duft in der Nase.

Erik konnte zum ersten Mal in seinem Leben einen Menschen tatsächlich und nicht nur sprichwörtlich riechen. Dass dieser Mensch sich beim Umdrehen als wirklich schöne Frau erwies, die sich zudem in Ermangelung alternativer Plätze direkt neben Erik setzen musste, machte diesen Morgen für ihn perfekt. In der Vorstellungsrunde hörte er bei seiner Nachbarin, besonders genau zu. Vivien, wie sie hieß, hatte lange Haare, die sehr zu Eriks Erstaunen, ausnahmsweise einmal nicht blond waren, sondern eher rot-braun und dazu wunderbar harmonierende braune Augen. Kaum hatte Erik das gedacht, versuchte er sich auch schon zusammenzureißen. Er ermahnte sich selbst, nicht schon wieder in solchen Dimensionen zu denken. Doch so sehr er sich auch bemühte, es gelang ihm nicht wirklich. Am Ende des Kurses wusste er nicht mehr, wovon er mehr wahrgenommen hat: von dem Kursinhalt oder der Frau neben ihm.

Diese Stunde war aber nicht nur wegen der Tischnachbarin außergewöhnlich, auch die Bitte der Dozentin wegen ihres schlechten Namensgedächtnisses, doch bitte diese Sitzplätze für den Rest dieses Semesters beizubehalten, löste in Erik eine geradezu absurde Reaktion der Freude aus, von der er nur hoffen konnte, dass niemand sie gesehen hatte. Für Erik selbst fühlte es sich so an, als habe er ein Grinsen auf den Lippen gehabt, dem selbst eine Kinoleinwand in Breite kaum nachgestanden haben mochte und ihn durchströmte eine Wärme, die er noch nie erlebt hatte. Von dort an hatten selbst die sonst so gehassten Montagmorgen etwas Positives.

Erik ahnte, dass ihm das Aufstehen nach dem Wochenende zumindest für dieses halbe Jahr deutlich leichter fallen würde. Was im Laufe dieses Semesters mit Erik passierte, konnte er kaum selbst beschreiben, weil ihm dafür einfach kein passendes Wort einfiel.

Jedes Mal, wenn Vivien sich meldete und das Wort erhielt, hörte er besonders genau zu. Er stellte schnell fest, dass sie sehr gut Englisch sprach. In der dritten Kurswoche bekam die Absurdität zwischen Erik und Vivien eine neue Dimension. Jedes Mal, wenn Vivien sich meldete, tat Erik das auch und eigentlich war es ihm egal, ob er überhaupt hätte etwas sagen wollen oder nicht. Wie albern war das denn? War Erik gerade noch mal 14? Irgendwie kam er sich vor als habe er die Universität noch einmal gegen den Kindergarten getauscht. Doch so sehr Erik sich auch bemühte, mit dem Kopf gegen diese Albernheiten anzusteuern, umso mehr schien es, als wollten andere Teile seines Körpers den Geist überlisten.

Am Ende der Stunde, in der sich dieses absurde Schauspiel zum zweiten Mal hintereinander zugetragen hatte, sagte Isabelle zu Erik: „Dich hat es aber ganz schön erwischt, oder?" Was sollte Erik erwischt haben und warum ganz schön? Erik verstand auch das nicht. Nachdem auch Isabelles zweiter Versuch die von ihr unterstellte Tatsache in eleganten Worten zu umschreiben gescheitert war, sagte sie zu Erik: "Du hast Dich in Vivien verknallt, oder?" Eriks Versuch das zu leugnen war in seiner Erinnerung eine geradezu lächerliche Mischung aus Vehemenz und Halbherzigkeit. Er bestritt in Vivien verliebt zu sein, schränkte aber im selben Satz ein, dass er sie möge und dass er ganz dringend ihre E-Mail-

Adresse bräuchte, da er sich entschieden habe, dass Vivien seine schriftliche Diplomprüfung in Englisch Korrektur lesen soll. Isabelles „Aha" im Zusammenspiel mit dem geradezu grotesken Ausdruck ihrer Augenbrauen verrieten Erik bereits, dass Isabelle ihm irgendeinen Teil seiner Aussage nicht recht glauben mochte. Dass es sich bei diesem Teil wohl kaum um seinen Wunsch handelte, Vivien als seine Lektorin für seine Diplomarbeit zu gewinnen, begriff selbst Erik.

Also verbrachten Isabelle und Erik die nächsten gefühlten hundert Pausen damit, Pläne zu entwickeln und noch schneller zu verwerfen, wie es Erik gelingen könnte, Viviens E –Mail-Adresse zu bekommen. Sicher, Erik hatte einen wissenschaftlichen Grund, warum er diese E – Mail Adresse haben wollte und irgendwie ahnte und hoffte er, dass Vivien den Wunsch nach der E-Mail-Adresse auf eine direkte Frage erfüllt hätte. Aber inzwischen hatte selbst der etwas begriffsstutzige Rollifahrer kapiert, dass es mit Vivien anders war als mit allen anderen Frauen und Mädchen zuvor.

Erik war sich bewusst, dass man ihm das auch ansehen musste. Besonders bewusst wurde ihm das, als Vivien ihn kurz vor dem Kursende auf dem Flur begleitete und die beiden erstmals nicht mehr nur über englische Grammatikformen oder die korrekte Form von Vokabeln diskutierten. Aber auch da traute sich Erik nicht, Vivien nach ihrer E – Mail-Adresse zu fragen. Stattdessen genoss er nur die Zeit, die er mit Vivien verbrachte und die natürlich viel zu schnell verging. Im Anschluss war sich Isabelle sicher: „Du bist verliebt." Zum ersten Mal in seinem Leben stritt Erik diese Tatsache nicht ab. Er mochte Vivien nicht nur, er wollte viel – nein, eigentlich alles – über sie wissen und er ertappte sich bei der Fantasie, wie sie sich wohl anfühlen würde. Dann passierte etwas, mit dem Erik nie gerechnet hätte. Die gewissenhafte und schöne Vivien, bei der er einen ähnlichen Ehrgeiz wie bei sich selbst feststellen konnte, fehlte in der letzten Stunde vor dem Semesterende.

War damit auch Eriks letzte Chance vertan, an die E-Mail-Adresse der Frau zu kommen, die sich in letzter Zeit immer öfter ungefragt in seine Gedanken eingemischt hatte und trotzdem stets ein Lächeln auf sein Gesicht zauberte?

Sehr traurig und auch ein bisschen wütend auf sich selbst, dass er wieder einmal nicht den Mumm gehabt hatte, seinen Plan in die Tat umzusetzen überstand Erik die neunzig Minuten und wünschte sich, dass er auch wie Vivien im Bett geblieben wäre. Isabelle versuchte ihm im Anschluss auf alle erdenklichen Arten zu trösten, doch zum ersten Mal scheiterte sie damit. Am Nachmittag half Erik dann zum zweiten Mal in diesem Kapitel der Zufall:

Die Dozentin hatte allen Kursteilnehmern eine Mail geschrieben. Dabei hatte sie nicht, wie üblich, eine Adressliste angelegt, bei der nur der Listenname im Adressfeld angezeigt werden würde, sondern die E-Mail-Adressen aller Empfänger sichtbar gelassen. Breit grinsend aber auch mit einem schlechten Gewissen machte sich Erik an die Arbeit und versuchte aus den fünfundzwanzig E-Mail-Adressen, die er dort sah, Viviens heraus zu bekommen. Gar nicht so einfach, wenn es nur zwei Jungs gab, die man mit Sicherheit ausschließen konnte. Tatsächlich hatte Erik das Gefühl, dass nur eine Adresse die von Vivien sein konnte.

Also traute er sich und schrieb ihr unter Aufbringung sämtlicher Entschuldigungen, die ihm einfielen, eine Nachricht. Er erkundigte sich zunächst, ob es sich tatsächlich um Viviens E-Mail-Adresse handelte und, wenn dem so wäre, wie es ihr denn ginge, da er sie in der letzten Veranstaltung nicht gesehen habe.

Zu Eriks großer Verblüffung dauerte es keine fünf Minuten bis er von der E-Mail-Adresse eine Antwort erhalten hatte, die bestätigte, dass es tatsächlich Viviens E- Mail-Adresse war. Zu seiner noch größeren Verwunderung gab sie unumwunden zu, dass sie die letzte Veranstaltung des Kurses geschwänzt hatte, weil sie vermutlich so langweilig war, dass ihr ihr Bett lieber gewesen sei. Den Lachanfall den Erik beim Lesen dieser Nachricht bekam musste jeder, der auch nur ansatzweise in seiner Nähe war, gehört haben.

Erik antwortete sofort, dass er sich freue, dass Vivien gesund sei und dass ihre Vermutung bezüglich der Veranstaltung auf beängstigende Weise zutreffend gewesen sei. Im Anschluss traute er sich dann endlich, seine Bitte bezüglich der Diplomprüfung vorzubringen. Manchmal schien es ihm rückblickend, als wäre ihm die Frage nach der E-Mail- Adresse so peinlich gewesen, dass es diesen Zufall brauchte, damit er sie bekam.

Als diese Last von Eriks Schultern abgefallen war, verlief die Kommunikation zwischen Vivien und ihm genauso leicht und unbeschwert wie während des gesamten Semesters. Kaum hatte er die E - Mail mit der Frage wegen der Diplomprüfung abgeschickt, begann er schon, über Pläne nachzudenken.

Sollte sie seine Arbeit tatsächlich korrigieren, hatte er dann nicht den perfekten Grund gefunden sie auf einen Kaffee einzuladen? Würde sie die Einladung annehmen? Dass Erik behindert war, hatte Vivien ja nun das ganze Semester gesehen, sodass Erik sich sicher war, dass dieser Punkt allem, was sich zwischen ihm und Vivien entwickeln würde, nicht mehr würde im Wege stehen können. Dass er all diese Gedanken in Isabelles Gegenwart laut geäußert hatte, störte Erik nicht mehr. Er vertraute Isabelle, wie er kaum einem fremden Menschen jemals vertraut hatte und er war sich sicher, dass sie ihn im Rahmen ihrer Möglichkeiten so gut sie könnte unterstützen würde.

Tatsächlich bekam Erik bereits am nächsten Tag Post und der Inhalt der Mail versetzte ihn für eine halbe Stunde in eine Welt, in der Univorlesungen und Diplomprüfungen ungefähr so weit weg schienen wie der Mars. Gern werde sie seine Diplomprüfung Korrektur lesen und ihm auf dieser Weise helfen, schrib Vivien Erik war so motiviert wie lange nicht mehr. In diese Prüfung würde er noch mehr Mühe stecken als er es gewöhnlicherweise ohnehin schon tat. Trotzdem ging ihm die Arbeit ungewohnt leicht von der Hand, sodass er bereits wenige Wochen später Vivien das fertige Ergebnis präsentieren konnte.

Sie versprach die Arbeit innerhalb der nächsten Woche gegenzulesen und fragte, ob sie den Text auch ihrer Schwester vorlegen durfte, die ebenfalls sprachlich begabt sei. Erik erlaubte auch das und bekam am Ende der Woche wenige, aber ausgesprochen sinnvolle

Veränderungsvorschläge zurück. Nachdem er diese eingebaut hatte, gab er die Arbeit ab. In der Zwischenzeit hatte er Vivien eine Mail geschrieben, in der er ihr zum Dank für ihre Korrekturarbeiten eine Einladung zukommen ließ. Zu Eriks großer Freude nahm sie die Einladung keine halbe Stunde später an. Die Annahme war jedoch an die Bedingung geknüpft, dass das Ergebnis der Arbeit mindestens eine zwei sein müsste, da Vivien sich sonst fühle, als habe sie die Einladung nicht verdient.

Das brachte Erik in eine Zwickmühle: Sollte er Vivien sagen, dass er sie auf jeden Fall einladen wolle und somit offenlegen, dass Viviens Korrektur zumindest in zweiter Linie nur ein idealer Vorwand war? Oder sollte er hoffen? Hoffen darauf, dass seine Arbeit gut genug war? Er glaubte daran, hatte aber auch Angst. Was würde passieren, wenn es tatsächlich nur eine drei wäre? Die Note selbst wäre für Erik und seine Eltern nicht schlimm gewesen, aber hätte sie bedeutet, dass er Vivien nicht wiedersieht? Obwohl Isabelle mit Erik schon an seiner nächsten Diplomprüfung arbeitete, diskutierten die beiden in den nächsten Tagen kaum etwas anderes als die Frage, wie Erik mit Vivien verfahren sollte. Wie viele Stunden das Diskussionsthema zwischen den beiden war, daran kann sich weder Isabelle noch Erik erinnern, aber beide sind sich sicher: Es waren einige. Schweren Herzens entschied Erik sich, auf die Leistungsfähigkeit seines Kopfes zu vertrauen. Die knapp drei Wochen Wartezeit bis zur Bekanntgabe der Noten erwiesen sich als endlos quälende Wartezeit und mehr als einmal ertappte sich Erik dabei, wie er eine Mail an Vivien begann und er konnte sich nur unter Aufbietung aller Kräfte dazu zwingen, sie nicht abzuschicken. Doch Eriks geistige Leistungsfähigkeit sollte ihn auch dieses Mal nicht im Stich lassen. Im Gegenteil, die Arbeit war eine glatte eins geworden, sodass Viviens Einladung nichts mehr im Wege stand und sie auch ihrerseits nur schwer einen Grund finden würde, die Einladung abzulehnen. Unmittelbar nachdem Erik das Ergebnis erfahren hatte, schrieb er Vivien eine Mail, in der er sie um einen Termin und Ortsvorschlag für den Dankeskaffee bat. Wieder kam Viviens Antwort sehr schnell; Eriks Herz schien beim Anblick der ungelesenen Nachricht einen Hüpfer zu machen. Tatsächlich hatte Vivien eine Uhrzeit und ein Café vorgeschlagen, wo das Treffen stattfinden sollte. Da traf es sich gut, dass Isabelle gerade da war und Erik gleich mit ihr besprechen konnte, ob sie an diesem Termin ihren Dienst einmal würde verlängern können. Isabelle stimmte ohne Umschweife zu, wollte aber wissen, wie lange das Treffen ungefähr dauern würde, damit sie ihrem Freund Bescheid sagen könne, dass sie später kommt.

Was sollte Erik darauf antworten? Er hatte ehrlich gesagt keine Ahnung, wie lange es dauern könnte. Seinetwegen könnte das Treffen ewig dauern, Erik vermutete aber auch, dass Vivien es ihrerseits so kurz wie möglich halten wollen würde. Also einigte er sich mit sich selbst, dass er Isabelle bitten würde, zwei Stunden mehr Zeit einzuplanen. Selbst bei dieser Maßgabe schien es ihm, als hätte er sich eher von seinen kühnsten Träumen als von einer realistischen Einschätzung leiten lassen. Isabelle wusste jetzt Bescheid, sie würde ihn unterstützen und Erik hatte sein erstes Date, das er auch für sich so nannte. Der große Tag sollte in der darauffolgenden Woche sein und man würde sich am frühen Nachmittag treffen in der Hoffnung, dass der norddeutsche Sommer Plätze auf der Terrasse zulassen würde. Als der große Tag gekommen war, war Erik nervöser als jemals zuvor in seinem Leben. Wie würde es sein, sich mit einer Frau zu treffen, ohne dass es dafür einen Grund gab – außer vielleicht den, dass man miteinander Zeit verbringen wollte?

Als er bei dem Café angekommen war, war Erik so nervös, dass sein Herz hüpfte und dass es ihm vorkam als müsse er sich gleich in die Hose machen. Diese Gedanken verscheuchte Viviens Anblick. Sie trug eine dunkelblaue Jeans und eine weiße, aber blickdichte Bluse. Ihr Haar trug sie diesmal offen, sodass es etwa schulterlang herunterfiel. Die Jeans und überhaupt Viviens Erscheinung schienen für Erik ihre Figur und ihre wunderbar femininen Körperformen auf geradezu unverschämte Weise zu unterstreichen und gleichzeitig von Geschmack und Stil zu zeugen. Erik wusste gar nicht, wo er zuerst hinschauen sollte und dennoch war ihm bewusst, wie sehr er darauf achten musste, dass Vivien nicht sah, was für eine Wirkung sie auf ihn hatte. Schließlich sollte es ja eigentlich nur ein Kaffee zum Dank dafür werden, dass sie Erik dabei geholfen hatte, eine gute Arbeit zu schreiben. Die beiden entschieden sich für einen schönen Tisch, der in der Sommersonne stand, dessen Nebentische aber unbesetzt waren. Die Uhrzeit war einfach zu spät für das Mittagessen und eigentlich zu früh für den Nachmittagskaffee gewählt. Sie war ein Kompromiss zwischen den Dienstplänen von Isabelle und Viviens Terminkalender gewesen. Dennoch fühlte sich Erik großartig an diesem schönen Sommertag. Irgendwie gerieten die beiden auch sofort in ein Gespräch, sodass sie zunächst einmal gar nicht merkten, dass der Kellner an ihren Tisch gekommen war, um die Bestellung aufzunehmen. Beide entschieden sich trotz der Hitze für einen Latte macchiato. Seltsamerweise verlief das Gespräch zwischen Vivien und Erik derart unkompliziert, dass Erik fast vergaß, wie schön er sie fand. Das einzige was ihn daran erinnerte, war sein Herzschlag, der seltsamerweise in regelmäßigen Abständen für ein oder zwei Schläge auszusetzen schien.

Es passierte immer dann, wenn Erik Vivien direkt in die Augen sah oder von ihren Haaren gefangen genommen wurde. Es schien, als würde die Zeit stillstehen und doch wie im Fluge vergehen. Keiner von beiden hatte je auf die Uhr gesehen und Isabelle wollte plötzlich Brot und Zigaretten kaufen gehen. Erik musste an sich halten, nicht laut los zu lachen, denn er sei der einzige, der neben Isabelle wusste, dass sie nicht rauchte. Isabelle wollte Erik lediglich eine Chance geben, mit Vivien allein zu sein. Erik nahm diese Chance dankend an und ihm war plötzlich ganz warm. Einerseits, weil Isabelle von sich aus gegangen war und somit sich die Frage, die Erik über viele Tage vorher beschäftigt hatte, gar nicht stellte. Er hatte gemeinsam mit Isabell überlegt, mit welchen Zeichen er sie bitten könnte zu gehen, ohne dass Vivien gleich Verdacht schöpfen würde. Als Isabelle nach über einer Stunde wiederkam, ließ sich Vivien zu der Bemerkung verleiten, dass es aber ausgesprochen kompliziert gewesen sein müsste, Brot und Zigaretten zu kaufen. Zu beider Überraschung waren ihre Latte macchiato-Gläser aber auch noch nicht leer, was Isabelle für einen geschickten Konter nutzte, der alle drei in lautes Gelächter versetzte. Vivien und Erik hatten sich über alle möglichen Themen unterhalten und Erik musste oder durfte feststellen, dass er mit

Vivien viele Gemeinsamkeiten besaß. Je genauer er das feststellte, umso mehr ertappte er sich bei dem Gedanken, wie es wohl wäre, wenn Vivien Eriks erste Freundin würde. Ein Gedanke, der ihn faszinierte und gegen den er sich genauso wenig wehrte, wie gegen die Tatsache, dass er Viviens Augen wunderschön fand. Sie hatten so etwas Ehrliches, so etwas Faszinierendes an sich. Mittlerweile war es bestimmt 19:00 Uhr geworden und man unternahm erste Versuche, das Treffen zu beenden. Irgendwie gelang es aber keinem von den dreien, einfach so aufzustehen und diesen wunderbaren Moment, der sich inzwischen über mehr als vier Stunden hingezogen hatte einfach so zu beenden.

Nach anderthalb Stunden mehr oder weniger umfänglichem Abschiedsritual einigte man sich schließlich darauf, dass Vivien sich für die heutige Einladung zeitnah revangieren würde. Man einigte sich zu dritt auf einen passenden Termin in der darauffolgenden Woche. Isabelle würde Erik auch zu diesem Treffen begleiten, das hatte sie ihm unmittelbar nach Ende des ersten Treffens bestätigt. Erik war froh und erleichtert, dass Isabelle ihm in keiner Weise böse schien, dass das Treffen, das er großzügig mit zwei Stunden angesetzt hatte, in Wahrheit fast sieben gedauert hatte. Aber eine solche Entwicklung war nun wirklich nicht vorherzusehen und auch deshalb fühlte sich Erik an diesem Abend so glücklich wie seit sehr langer Zeit nicht mehr. Aber so sehr er auch versuchte, sich an jedes Detail zu erinnern, fand er doch keine Erinnerung daran, dass Vivien einen Freund erwähnt hätte. Sie hatten durchaus über private Dinge gesprochen. So hatte Erik zum Beispiel erfahren, dass Vivien seine Leidenschaft für Tiere nicht teilte und zum ersten Mal störte das Erik nicht im Mindesten.

Aber Vivien musste doch einen Freund haben, oder? Es war für Erik beinahe unvorstellbar, dass eine Frau mit dieser seltenen Kombination aus Intelligenz und Attraktivität Single sein sollte. Zugegeben, einen Ring oder anderen Schmuck, der auf einen Freund schließen ließ, hatte Erik während des gesamten Treffens nicht entdecken können und auch mit der Frage was er denn einer solchen Frau geben könnte, wollte er sich den Rest des Abends nicht beschäftigen.

Also verdrängte er die negativen Gedanken, indem er an Viviens Lächeln dachte, das ihre Augen auf so wunderbare Weise unterstrich, dass sie zu leuchten schienen. Mit diesem Gedanken und mit dem Gedanken daran, dass es ihm tatsächlich gelungen war, ein zweites Treffen zu bekommen, schlief er ein. Die Arbeit in der darauffolgenden Woche schien sich für Erik beinahe wie von selbst zu erledigen und auch der Rest seines Lebens fühlte sich irgendwie plötzlich leichter an. Nur der Gedanke an das zweite Treffen verursachte in ihm eine geradezu bizarre Mischung aus Glücksgefühl und Aufregung.

Was, wenn ihen die Gesprächsthemen ausgehen würden? Was, wenn plötzlich großes Schweigen am Tisch wäre? Sicher: Erik hatte im Flirtkurs den ein oder anderen Tipp bekommen, aber glauben Sie mir: nach dem, was Erik mir erzählt hat, fühlt sich das in der Praxis ganz anders an als es einem in der Theorie erklärt wird. Nur eine Sorge hatte Erik dieses Mal nicht, denn Isabelle hatte ihren Freund bereits vorgewarnt, dass es an diesem Abend später werden könnte.

Dann war der große Tag gekommen und für Erik an

Arbeiten an diesem Vormittag nicht zu denken. Viel zu sehr beschäftigte ihn die Frage, was er denn anziehen sollte. Denn so sehr er sich auch bemüht hatte, dieses Treffen ebenso wie das erste hauptsächlich als eines zwischen zwei Kommilitonen anzusehen, es war ihm nicht gelungen. Für Erik fühlte sich dieses Treffen an wie ein Date und so sollte es sich auch anfühlen. Erik war glücklich bei dem Gedanken und das konnten auch ruhig alle sehen.

Schlussendlich entschied sich Erik mit Isabelle für ein kurzärmeliges Oberhemd und eine Jeans. Eriks Herz schien für ein paar Schläge zu hüpfen als er schließlich endlich ins Auto stieg, um Vivien zu begegnen. Der Frühling hatte sich ebenfalls in Schale geworfen und präsentierte sich bei strahlendem Sonnenschein und Temperaturen um die zwanzig Grad fast wie ein Vorbote des Sommers. Erik war vor Vivien am vereinbarten Treffpunkt und bekam tatsächlich denselben Tisch wie beim ersten Mal. Als er Vivien sah, hüpfte sein Herz gleich noch mal. Auch sie hatte sich für ähnliche Kleidung wie beim ersten Treffen entschieden und Erik war fasziniert. Eriks Befürchtungen, dass die beiden jetzt, wo die Arbeit keine Rolle mehr spielte, nicht gut ins Gespräch finden würden, bestätigte sich nicht. Im Gegenteil: Der Ober traute sich erst beim dritten Versuch, eine Bestellung aufzunehmen und so das Gespräch der beiden zu unterbrechen. Es wurde wieder einmal eine Latte macchiato für beide auch wenn sie kurz mit dem Gedanken an ein Eis gespielt hatten. Vielleicht würde sich ja später ergeben, das nachzuholen. Zu Eriks großer Freude war Isabelle auch dieses Mal ein ganz natürlicher Bestandteil des Gesprächs gewesen, den beide wohl eher als bereichernd als hindernd empfanden.

Dennoch bat Isabelle auch an diesem Tag nach zwei Stunden darum, noch einmal Brot und Zigaretten kaufen gehen zu dürfen. Ob es für Erik und Vivien in Ordnung wäre, wenn Isabelle in etwa einer Stunde zurück wäre. Vivien und Erik stimmten zu, letzterer musste allerdings erneut gegen ein aufsteigendes Lachen kämpfen. Natürlich war Isabelle auch innerhalb der letzten Woche nicht zur Raucherin geworden und soweit er sich erinnerte, hatte seine Assistentin auch noch nie geraucht. Aber dieses Geheimnis wollte er Vivien auf keinen Fall verraten. Die Zeit in der Erik mit Vivien allein war, fühlte sich großartig an. Es war alles leicht, unbeschwert und zum ersten Mal hatte er den Eindruck, dass seine Behinderung für eine Frau keine Rolle spielte und sie sich traute, Fragen nach ihm, seinen Lebensträumen und seinen Wünschen zu stellen.

Als Isabelle schließlich mit Brot, aber ohne Zigaretten zurückgekehrt war ließ sich Vivien zu der Bemerkung verleiten, dass der Brot-Einkauf aber lange gedauert habe, da inzwischen neunzig weitere Minuten vergangen waren. Bei der Zahl neunzig zuckte Erik gleich zusammen denn für ihn konnten es eigentlich nicht mehr als fünfzehn gewesen sein, so schnell war die Zeit vergangen. Was genau im Gesprächsverlauf dazu geführt hatte, dass Vivien und Isabelle wenig später in ein Gespräch über die Welt der Seifenopern des Deutschen Fernsehens vertieft gewesen waren, daran konnte sich Erik wenig später nicht mehr erinnern. Eigentlich wäre auch der Inhalt dieses Teils des Gespräches für Erik nicht weiter relevant gewesen – auch wenn er sich bereits im Kopf Notizen für Geburtstagsgeschenke für Vivien anlegte -, wenn da nicht dieser eine aber so entscheidende Satz gefallen wäre, der Eriks Träume für immer beendete. Nachdem er zuvor nur mit einem halben Ohr hingehört hatte, sagte Vivien plötzlich, dass ihr Freund gar kein Verständnis dafür habe, dass sie sowohl „Marienhof" als auch „Verbotene Liebe" komplett auf DVD besaß und auch die Anschaffung der DVD-Boxen von „Gute Zeiten, schlechte Zeiten" fest eingeplant wäre. Erik fühlte sich, als hätte man ihn gleichzeitig zwischen die Beine und in den Magen getreten und zudem noch ein Messer ins Herz gerammt. Er brach buchstäblich und bildlich in seinem Rollstuhl zusammen. Isabelle, die die Situation blitzschnell erkannte, rettete Erik, indem sie das Gespräch für die nächsten fünf bis zehn Minuten komplett übernahm. Eriks Gedanken waren verwirrt und sie kamen so schnell, dass er beinahe nicht wusste, wo er anfangen sollte: Woher war plötzlich dieser Freund aufgetaucht? Aus dem Nebel des Grauens? Aus dem Nichts? In über zehn Stunden, die er nun mit Vivien verbracht hatte, tauchte der Freund nie auf und ausgerechnet bei so einer Albernheit wie Seifenopern auf DVD musste er in Eriks Leben treten. Obwohl Erik eigentlich längst geahnt hatte, dass Vivien nicht Single sein konnte, fühlte er sich beschissen.

So beschissen, dass er kurz darüber nachdachte, wie er aus dieser Situation verschwinden könnte, damit er sie nicht mehr lange aushalten muss. Den Gedanken verwarf er. Sehr zu seiner eigenen Überraschung hatte er sogar Kontrolle und Selbstbeherrschung zurückgewonnen, sodass das Gespräch noch eine Stunde fortgesetzt werden konnte. In dieser Stunde schien es Erik auf merkwürdige Weise neutral und von der Magie der Stunden zuvor war nicht mehr viel übrig. Als man sich an diesem Abend trennte, konnte Erik nicht nach

Hause gehen. Es war ganz und gar unmöglich. Seine Gedanken fuhren Achterbahn und mehr als einmal stellte er sich an diesem Abend die Frage: Warum? Warum hatte Erik sich bei dem Gedanken ertappt, dass er Geburtstagsgeschenke für Vivien plante? Warum hatte es Erik so wehgetan, etwas zu hören, was er längst ahnte? Warum zum Teufel wollte er unbedingt wissen, wer dieser Freund war und warum er plötzlich auftauchte?

Isabelle versuchte Erik so gut es ging zu trösten und machte schließlich den Vorschlag, dass die beiden zusammen essen gehen sollten, damit Erik seine Gedanken sortieren konnte. Das taten sie auch und als die beiden gegen zweiundzwanzig Uhr zurück an Eriks Auto waren, das in einer menschenleeren Tiefgarage parkte, warnte Erik Isabelle vor, dass sie mal außer Hörweite gehen sollte, da er sich nicht mehr beherrschen könne. Isabelle tat ihm den Gefallen und Erik blickte sich noch einmal verstohlen in alle Richtungen um, bevor er aussprach: „Verdammte Scheiße, ich will doch auch bloß mal ficken!" Erik war es peinlich, was er ausgesprochen hatte, denn bei Vivien war es um mehr gegangen als um das, um sehr viel mehr. Trotz allem fühlte sich Erik, nachdem er diese Worte fast geschrien hatte, auf wundersame Weise erleichtert. Es war, als hätte sich in diesem derben Satz etwas den Weg in die Freiheit gebahnt, dass Eriks Kopf nicht zugeben wollte, an dem sein Herz aber beinahe zersprang. Er schrie diesen Satz noch einmal, fuhr dann nach Hause und schlief traurig ein.

Damit ist das Kapitel um Vivien aber immer noch nicht ganz zu Ende erzählt, denn wenige Tage später erhielt Erik eine merkwürdige E – Mail. Vivien fragte ihn, ob er übermorgen die Mittagspause mit ihr verbringen wollte. Erik verstand gar nichts mehr. Was sollte das werden? Und sollte er das machen? Er mochte Vivien, war sogar verliebt, wusste aber jetzt, dass diese Liebe keine Chance hat. Sollte er sich das antun oder sollte er sagen, er kommt nicht? Es gab gute Gründe für beides. Der Schmerz über die Existenz von Viviens Freund war so heftig gewesen, dass Erik kaum arbeiten konnte; er ahnte, was passieren würde, wenn er hin ginge. Auf der anderen Seite hatte er jede Sekunde mit Vivien genossen und die Tatsache, dass sie ihn einlud, musste ja irgendwas zu bedeuten haben. Außerdem wollte Erik nicht die beleidigte Leberwurst spielen. Also entschied er sich Größe zu zeigen und verbrachte die Mittagspause zwei Tage später mit Vivien.

Was dort passierte, war so merkwürdig, dass Erik es kaum glauben konnte. Vivien lud Erik ins Kino ein und teilte ihm mit, dass sie nach Abschluss des Sommersemesters für ein halbes Jahr nach Großbritannien gehen würde. Selbstverständlich würden sie in Verbindung bleiben und sobald sie zurück sei würde man sich ein viertes Mal in diesem Café treffen. Erik verstand überhaupt nichts mehr. Hatte ihn gerade eine Frau, die eigentlich einen Freund hatte, ins Kino eingeladen? Hatte er nicht das einige Jahre zuvor mit Maren versucht und sie ihm daraufhin einen relativ direkten Korb verpasst? Die Verwirrung war Erik auf der anderen Seite auch ziemlich egal, denn die Aussicht auf einen Kinobesuch mit Vivien hatte trotz der Ereignisse der letzten Tage nicht von ihrer Verlockung verloren. Wochenlang wartete Erik auf den von Vivien versprochenen Terminvorschlag und erst in der Woche vor Viviens angekündigter Abreise traute er sich nachzufragen. Keine fünf

Minuten später hatte er die Antwort, in der Vivien den Kinobesuch auf einen Zeitpunkt nach ihrer Rückkehr verschob. Es sollte das Letzte sein, was Erik von Vivien hörte, denn trotz aller Versprechen schrieb sie ihm kein einziges Mal aus England. Erik wusste nicht, ob sie für diese Zeit ihre bisherige E-Mail-Adresse behalten würde. Außerdem war er zu stolz, einer Frau hinterher zu laufen, bei der es ohnehin keine Aussicht auf ein Happy End gab. So beschloss Erik viel später und doch weit vor der Entstehung dieses Buches, die Erfahrung mit Vivien in einem Gedicht zu verarbeiten, das er ausnahmsweise auf Deutsch verfasste.

Erste Liebe

*Der letzte Frühling war grad da,
ich war traurig, einsam ja
doch da warst du,
plötzlich, schön und wunderbar,*

*wir sprachen viel, lachten, hatten Spaß,
es war nicht schwer, ich denke, deine Art wars,
Zum ersten Mal war alles anders,
denn ich war es nicht gewohnt,
dass ne schöne Frau meinen Mut dann auch belohnt*

*Deshalb werd ich wohl auch nie vergessen,
wie wir zusammen im Cafe gesessen,
draußen in der Sonne wars und der Ober konnte gehn,
denn mit dir schien die Zeit still zu stehn.*

*Dann sagtest du, ich muss nun gehn,
wir werden uns für lange Zeit nicht sehn,
doch der Kontakt wird nicht verloren gehn
Bin ich zurück, versprech ich dir,
sehn wir uns wieder hier.*

*Seitdem kein Wort, kein Mail, kein Telefon,
Fünf Monate geht das nun schon,
meine Gefühlswelt lässt sich kaum ermessen,
was soll ich tun? Träumen, hoffen bangen,
oder doch einfach nur vergessen?*

*Nun kenn ich die Sprache,
die, die nur das Herz spricht,
doch ich glaube leider nicht,
dass ich dir verraten mag,
was mein Herz mir so laut sagt:
Ich liebe Dich!*

Virtuelles Glück

Der Liebeskummer – jetzt wusste Erik, wie sich so etwas anfühlte – um Vivien dauerte sehr lange an. Hatte er etwas falsch gemacht? Hatte Vivien überhaupt gemerkt, dass Erik mit ihr flirtete. Irgendwie konnte sich Erik sich des Eindrucks nicht erwehren, dass Vivien sich überhaupt nicht hatte vorstellen können, dass das mit Erik möglich war. Dass die fast 20 Stunden, die er mit Vivien verbracht hatte, ohne jede peinliche Pause vergangen waren und sie auch über beinahe alles hatten sprechen können, machte Eriks Missmut nicht besser. Er hatte sich während des zweiten Treffens sogar bei dem Gedanken ertappt, dass es bestimmt schön wäre, mit einer so schönen, intelligenten und einfühlsamen Frau ein Kind zu bekommen und eine Familie zu gründen.

Wie zum Teufel war Erik denn bloß auf derartige Gedanken gekommen? So sehr er seine Gedanken auch zu ordnen versuchte, die Vorstellung von Frau und Kind blieben eine Weile. Als es Erik schließlich endlich gelungen war, die Gedanken zu sortieren, lächelte er und schüttelte den Kopf. Der „logische Erik" war wieder zurück und die Faktenlage sah so aus: Erik hatte noch nie eine Freundin, er hatte noch nie Sex, ehrlich gesagt wusste er noch nicht einmal, ob er als Mann sexuell empfindungsfähig war und die Funktionsfähigkeit seines Penis vollständig erhalten geblieben war. Zumindest diese Frage wollte Erik bald klären. Er hatte zwar gespürt, dass sich ein Körperteil bei den unfreiwilligen Gedanken an eine Familiengründung mit Vivien versteift hatte, doch zumindest dagegen hatte sich Erik wehren können. Wie hätte er das anstellen sollen?

Schließlich war Erik weder sein Elternhaus und noch weniger das öffentliche Café als der geeignete Ort erschienen. Nachts fiel es Erik schwer, seine körperlichen Wünsche zu unterdrücken. Es kostete ihn zunehmend Mühe, sein Geschlechtsorgan im Zaum zu halten. Als das beinahe zwei Wochen täglich so gegangen war, entschied sich Erik mit dem einzigen Thema abzulenken, dass eine ähnliche Faszination auf Erik besaß wie junge Frauen: Pferde und therapeutisches Reiten.

Vielleicht war das ja sogar ein Weg, nette junge Mädchen kennenzulernen, und wer weiß, was sich daraus entwickelte. Mist! Da waren die Gedanken ja schon wieder! Was, in Gottes Namen war am Zusammensein zwischen Mann und Frau und an Berührungen zweier Menschen so bedeutend und so wichtig, dass es offenbar Phasen zu geben schien, an denen man an wenig anderes denken konnte? Er brauchte etwa eine halbe Stunde, um sich die Gedanken und philosophischen Fragen aus dem Kopf zu schlagen und dann doch seine ursprüngliche Suche nach Pferde-Foren durchzuführen. Das Ergebnis war kaum übersichtlicher als bei seiner Suche nach Singlebörsen. Die Suche nach den Worten „Pferde" und „Forum" ergab 691.000 Treffer. Setzte man die beiden Worte, durch ein Leerzeichen getrennt, in Anführungszeichen, so reduzierte sich die Trefferzahl auf 198.000 Treffer. Verglichen mit der Singlebörsensuche hatte immerhin die Verkleinerung der Trefferzahl besser funktioniert. Fügte man in die beiden Worte noch einen Bindestrich ein, so reduzierte sich die Trefferzahl um weitere 1000, blieben also noch 197.000.
Erik meldete sich gleich bei vieren von ihnen an. Nachdem er die gewünschte eigene Vorstellung in allen vier

Foren erledigt hatte und dabei stets seine Behinderung erwähnte, wobei er die Betonung immer auf seine innige Verbindung mit seinem jetzigen Therapiepferd legte, überlegte er, welche Frage er stellen würde. Ihm war klar, dass er würde eine Frage stellen müssen, denn zum Antworten hatte er zu diesem Zeitpunkt noch zu wenig Fachkenntnis. Er entschied sich für eine Frage, die ihn wirklich interessierte, die ihm aber auch ein bisschen peinlich war. Komischerweise war Erik sich dennoch sicher, dass er reichlich Antworten bekommen würde. Trotz der zwei Mal, wo er es getan hatte, war sich Erik sicher, dass Felix nur im allergrößten Notfall unter dem Reiter Wasserlassen konnte. Aus irgendwelchen Gründen war sich Erik sicher, dass es Stunden gegeben hatte, wo Felix eigentlich mal gemusst hätte, aber nicht pinkeln wollte oder konnte. Er erzählte das im Pferdeforum und tatsächlich bekam er reichlich Antworten. Alle sehr nett und wirklich bemüht, Erik zu helfen. Zum einen zeigten Erik die Antworten, dass viele Pferdebesitzer bzw. Reiter mit demselben Problem, sofern man es denn so nennen wollte, konfrontiert waren. Zum anderen gab es tatsächlich einige Nutzer – genauer gesagt Nutzerinnen – die sich in privaten Nachrichten danach erkundigten, was Erik denn in der Reittherapie machte und wie er denn seinen Weg zu den Pferden gefunden hatte.

Es entwickelten sich drei bis vier sehr interessante Gespräche. Eines davon sogar mit einer Reittherapeutin, die sich freute, sich mit einem Patienten, der nicht ihr Patient war, austauschen zu können. Eine weitere Antwort kam aus dem europäischen, aber deutschsprachigen Ausland, von einer jungen Frau, die einen integrativen Reitstall betrieb. Und dann gab es noch eine

Antwort von einer Nutzerin, die sich „Keks" nannte. Mit allen schrieb Erik regelmäßig und beantwortete viele Fragen. Sehr zu seiner Freude wurden die Fragen all seiner neuen Kontakte mit zunehmender Dauer immer offener. Der Kontakt mit „Keks" endete zunächst und er hatte es beinahe schon verdrängt. Plötzlich, es war 22:48 Uhr an einem Mittwochabend, bekam er wieder eine E-Mail. Keks entschuldigte sich für den „spätabendlichen, elektronischen Überfall", aber Erik könnte ihr bestimmt perfekt helfen.

Es waren nicht gerade die kleinsten Erwartungen, die Keks hatte, dachte Erik mit einem breiten Lächeln im Gesicht. Als er die elektronische Nachricht von Keks weiterlas, verstand er ihre Hoffnungen. Sie breitete ihm etwas umständlich aus, dass sie im Rahmen ihrer Ausbildung eine Facharbeit zum therapeutischen Reiten schrieb. Dafür würde sie sehr gern einmal „Insider-Informationen" haben. Ob Erik sich vorstellen könnte, einmal „aus dem Nähkästchen zu plaudern". Nichts lieber als das, dachte Erik, kaum hatte er diesen Satz gelesen. Der nächste Satz verwirrte ihn, ohne ihn abzuschrecken.Sie bräuchte die Informationen bis morgen. Inzwischen war es nach 23 Uhr am Abend geworden und eigentlich wollte Erik sich gerade ins Bett bringen lassen. Dennoch fühlte sich Erik sehr geehrt und so fragte er seine Eltern unumwunden, ob er noch schnell eine „kurze E-Mail schreiben" dürfe. „Kein Problem" antwortete seine Mutter. Überhaupt schienen seine Eltern wieder zunehmend zum Rückhalt früherer Tage zu werden. Erik schrieb und schrieb. Nichts ließ er aus. Er erzählte viel mehr, als für eine Facharbeit notwendig gewesen wäre. Neben all dem therapeutischen Nutzen, den Erik durch die Hippotherapie erfuhr, berichtete er noch vom dem psychosomatischen Nutzen, den die Pferde für ihn hatten. Gegen 0:30 Uhr hörte Erik aus dem Schlafzimmer seiner Eltern die schlaftrunkene Frage, ob er die Mail bald fertig haben würde. Erik hatte gefühlt etwa die Hälfte dessen geschrieben, was er zu sagen hatte. „Gleich fertig", rief Erik zurück, aber seine Eltern waren bereits wieder eingeschlafen. Da er nichts mehr hörte, schrieb er weiter, bis kurz nach zwei. Dann hatte er alles erzählt.

Erik wollte an diesem Abend alles erzählen, was mit der Hippotherapie zu tun hatte. Schließlich war „Keks" die erste Person, die sich offenkundig für die Effekte des therapeutischen Reitens interessierte und der Gedanke an dieses Buch war so weit weg, wie mein behinderter Freund vom ersten Kuss. Erst als Erik seine E-Mail am kommenden Vormittag ausdruckte, stellte er erstaunt fest, dass er zu einer kleinen Frage und einem einzigen Thema fast sieben komplette DIN A4-Seiten geschrieben hatte. Das überraschte dann allerdings selbst Erik. Gegen Mittag hatte er bereits wieder Post von „Keks" in seinem elektronischen Briefkasten.

Gespannt öffnete er ihre Mail als Erstes, obwohl bestimmt zehn weitere – drei davon mit höchster Priorität – in seinem Postfach auf ihn warteten. „Keks" bedankte sich sehr für Eriks mehr als ausführliche Antwort. Sie wunderte sich über das Vertrauen, das er einer nahezu völlig unbekannten Person entgegengebracht. Es wären genau diese Insider-Einblicke, die sie sich gewünscht habe und die sie brauchte. Sie habe bereits erste Rückmeldungen auf den mündlichen Kurzvortrag der Facharbeit erhalten, obwohl die Bewertung der schriftlichen Ausarbeitung natürlich noch ausstünde.

So, wie es derzeit aussah, würde es wohl eine „sehr gute" Benotung werden. Nach vielen weiteren Sätzen des Dankes und der Bitte, dass Erik sie auch weiterhin über seine Fortschritte auf dem Pferderücken auf dem Laufenden zu halten, erzählte „Keks" Erik von Ricky, ihrem Wallach, den sie zunächst als Reitbeteiligung kennengelernt hatte, um später zu seiner stolzen Besitzerin zu werden. Ein Umstand, der sie offenbar so glücklich machte, dass man es nahezu in jeder Silbe spüren konnte.

Sie fragte ihn, was sie Erik Gutes tun könne, als Dankeschön für seine Offenheit. Sie schloss die Mail mit einer Frage, mit der Erik niemals in dieser Art von E-Mail gerechnet hätte. Vor der Grußformel wollte „Keks" noch „eine letzte Frage stellen. Bist du Single?" Wie zum Teufel konnte man denn aus einer E-Mail, in der jedes zweite Wort entweder „Pferd" „Felix" oder sonst irgendeine Referenz auf die geliebten Vierbeiner gewesen war, auf seinen Beziehungsstatus schließen? Erik war vollends verwirrt. Wie war sie überhaupt auf diese Frage gekommen? Diese beiden Fragen stellte Erik dann auch in seiner Antwortmail. Die Sache mit dem Dankeschön lehnte Erik halbherzig ab, nur um dann doch zu fragen, ob „Keks" irgendeine Möglichkeit hätte, von Ricky Fotos – oder noch besser Videos – zu machen.

Erik erzählte ihr von seinem Wunsch, Pferdeverhalten in natürlicher Umgebung zu beobachten und wie sehr er seinen Vierbeiner vermisste. Er schickte die Mail ab, allerdings rechnete er nicht unbedingt damit, dass sich aus dieser Konversation mehr entwickeln würde, als das, was sich bereits entwickelt hatte. Wenige Stunden später hatte er bereits eine weitere Antwort.

Was er dort las, irritierte Erik, zauberte ihm aber ein Lächeln aufs Gesicht. Erik spürte sogar, dass sein Gesicht warm wurde. War er gerade errötet? „Keks" hatte, kurz zusammengefasst, in etwa das Folgende geschrieben: Wer etwas zwischen den Zeilen lesen könne, dem fiele es nicht sonderlich schwer, herauszubekommen, dass Erik solo sei und das die Pferde für ihn mehr waren, als nur tierische Therapeuten. Für sie wäre das wunderbar, denn Ricky wäre derzeit ihr bester Freund und auch sie war derzeit und auch schon länger ebenfalls ungebunden. Ach ja, die Bitte nach den Fotos und Videos würde sie ihm nach besten Möglichkeiten erfüllen. Das klang für Erik nach viel mehr als er zu hoffen gewagt hatte, auch wenn ihn die Offenheit von Susanne, wie „Keks" sich am Schluss der E-Mail vorgestellt hatte, wunderte und im selben Moment freute.

In den folgenden zehn Tagen schrieben sich Susanne und Erik genau dreiundzwanzig E-Mails. Sie hatten in diesen Mails nicht nur über therapeutisches Reiten und das Glück der Pferde gesprochen. Sie hatten sich gefragt, wie der Tag des jeweils anderen gewesen und verlaufen war, sich gefragt, was sie in den nächsten Tagen machen würden. In der zwanzigsten Mail dieser langen Reihe fand Erik in der P.S.-Zeile Susannes Nutzerdaten für einen weitverbreiteten Messenger. Wenn Erik auch in diesem Messenger ein Nutzerkonto besäße, dann hätte sie heute Abend eine Überraschung für Erik. Erik hatte zwar ein Nutzerkonto für den Nachrichtendienst, dass er vor sehr langer Zeit einmal angelegt hatte, er hatte aber sowohl seine Nutzerdaten vergessen als auch die zur Verbindung notwendige Software deinstalliert.

Eriks Neugier auf Susannes Überraschung war allerdings derart groß, dass er als erstes die Software wieder herunterlud und die nächsten eineinhalb Stunden damit verbrachte, seine Nutzerdaten zu suchen. Als er die Hoffnung sie zu finden, schon fast aufgegeben hatte, kam Erik die rettende Idee. Einer seiner Freunde, mit dem er eigentlich nur telefonierte oder per E-Mail kommunizierte, hatte ihm einmal erzählt, dass auch er diesen Nachrichtendienst nutzte. Also entschied sich Erik, seinem Freund eine Mail zu schreiben mit der Bitte, dass er ihm seine Nutzernummer mitteilen möge. Es war bereits fast Mittag an diesem Tag und Erik betete, dass sein Freund rechtzeitig antworten würde. Mehrere Stunden vergingen, aber am Nachmittag, rechtzeitig zum Kaffee, hatte er ihm die gewünschte Information zugesandt. Die Hälfte der zur Überraschung notwendigen Nutzerdaten hatte er jetzt, Eriks Passwort wollte ihm allerdings partout nicht einfallen. Zehn Versuche wollte er sich geben, bevor er Susanne informierte, dass er seine Zugangsdaten verloren hatte oder über die Internetseite des Nachrichtendienstes ein neues Konto anzulegen.

Erster Versuch: „Nutzernummer oder Kennwort falsch": Zweiter Versuch: „Nutzernummer oder Kennwort falsch": Dritter Versuch: „Nutzernummer oder Kennwort falsch". Auch die nächsten fünf Versuche führten Erik in dieselbe Sackgasse. Versuch Nummer neun: Erik wählte ein Passwort, das er früher einmal regelmäßig benutzt hatte, aber nun nicht mehr verwendete. Wie war noch gleich die Schreibweise? Der Rollstuhlfahrer wählte die einfachste Schreibweise ohne Großbuchstaben – pragmatisch. Er hatte bereits damit gerechnet, dass es enden würde wie immer: Doch dann ertönte das Geräusch des erfolgreichen Log-In. Mittlerweile war es kurz vor sechs, um acht war er mit Susanne virtuell verabredet. Er freute sich auf die Überraschung, der nun nichts mehr im Wege stand.

Die folgenden zwei Stunden vergingen trotz eines köstlichen Abendessens irgendwie langsamer als der Rest des Tages zuvor. Um fünf vor acht loggte sich Erik mit den inzwischen ja wieder vollständigen Nutzerdaten bei dem Messenger ein. Susanne war noch nicht da. Wenige Minuten später blinkte ihr Name auf. Sie war da. Keine Minute später sagte sie „Hallo". Erik und Susanne unterhielten sich etwa eine Dreiviertelstunde über den Tagesverlauf und den des bisherigen Abends. Sehr nett.

Vorsichtig versuchte Erik das Gespräch auf die angekündigte Überraschung zu lenken. „Nicht so ungeduldig", schrieb Susanne zurück, allerdings nicht, ohne einen oder mehrere Smileys dahinter zu setzen, die Erik zeigten, dass Susanne einfach nur die Spannung hochhalten wollte. Noch eine Stunde später, in der Erik und Susanne sich langsam und vorsichtig weiter auf eine persönliche Ebene vorgetastet hatten, bekam er schließlich die Anfrage, dass „Keks", wie sie auch auf dieser Plattform hieß, eine Datei senden wollte. Die Dateiendung „.mov" verriet Erik, dass es sich um ein Video handeln musste. Erik nahm sie an. „Pling": Eine Textnachricht. „Die Überraschung". „Pling". Eine zweite Nachricht „schon gespannt?", mehrere grinsende Smileys dahinter. „Oh ja", antwortete Erik, auch er grinste virtuell und in echt. Der Download verlief, trotz der Tatsache, dass Eriks Eltern die damals schnellste verfügbare Internetleitung besaßen, kriechend langsam. Nach einer weiteren Viertelstunde war die Datei endlich auf Eriks Rechner angekommen. Aus der Datenautobahn schien eher ein Datenfeldweg geworden zu sein, dachte Erik. Die Einschätzung musste Erik später korrigieren. Die schließlich erfolgreich heruntergeladene Videodatei zeigte ein Pferd, aller Wahrscheinlichkeit nach Ricky, das zunächst gemütlich auf einer Koppel graste, sich anschließend ein bisschen bewegte, und schließlich wälzte. Beim Anblick der Bilder musste Erik kämpfen, nicht zu weinen. Das Video hatte eine Länge von knapp sechs Minuten und war in der höchstmöglichen Qualität aufgenommen. Er freute sich wahnsinnig und dennoch fühlte es sich an, als hätte „Keks" Erik ein viel zu großes Dankeschön als Gegenleistung gegeben.

Susanne und Erik kommunizierten fortan beinahe täglich miteinander. Es blieb lange oberflächlich, wenn auch ehrlich und beidseitig ausgesprochen herzlich. Bis etwas passierte, was er Susanne niemals gewünscht hätte, was aber für den weiteren Verlauf dieser Geschichte so etwas wie ein Glücksfall war. Rickys Mitbesitzer, den es noch gab, wollte oder musste sich aus gesundheitlichen Gründen von seinem vierbeinigen Freund trennen. Sowohl für Susanne als auch Erik war das verständlich und nachvollziehbar, gleichzeitig bedeutete es für Susanne eine große Unsicherheit.

Würde sie in der Lage sein, „ihren" Ricky vollständig zu übernehmen? Oder würde es auch für Susanne bedeuten, dass sie Ricky verlassen müsste? Erik versuchte nach besten Kräften, Susanne verbal zu unterstützen und zu trösten. Plötzlich und ohne erkennbaren Grund las er an diesem Abend im Messenger die folgende Zeile: „Komm auf mein Sofa". Wie bitte? Wie sollte er denn das machen? Sie hatten sich noch nie gesehen und – das war ein virtueller Chat. Die Verwirrung in Eriks Kopf war gigantisch. Bevor Erik noch irgendetwas hatte sagen – oder besser gesagt – schreiben können, hatte Susanne folgendes in den Messenger geschrieben: „Ich sehe die Skepsis in deinen Augen, ich weiß, dass du eine Lehne im Rücken und an der Seite brauchst und doch würde ich dich gern abschnallen und auf mein Sofa tragen, damit du in meiner Nähe sein kannst." Ohne viel nachzudenken antwortete Erik Susanne „Dann traue dich und tue es einfach." Hatte er das wirklich geschrieben? Und was war das eigentlich? Egal. Noch war es egal. Erik genoss es.

Völlig perplex war Erik allerdings, als Susanne – noch während er in diesen Gedanken verweilte – das folgende schrieb: „Ich komme sehr langsam auf dich zu, berühre gewollt ungeschickt deine Hand, schnalle dich ab und trage dich behutsam auf mein Sofa. Eine Hand habe ich dabei unter den Kniekehlen und die zweite in etwa auf Nackenhöhe. Du bist nicht so schwer, wie ich gedacht hatte. Der Weg ist nicht weit. Ich setze dich aufs Sofa, setze mich daneben und bin froh, dass du da bist." Was genau wurde das hier? Auf welchem Weg waren sie? Abrupt wurde Erik aus den Gedanken gerissen. Wieder eine Nachricht von Susanne: „Ich lege meinen Kopf an deine Schulter, die Hand auf deinen Rücken und frage dich flüsternd ins Ohr: „Habe ich dir weh getan, als ich dich getragen habe?". „Nein, hast du nicht.", flüsterte Erik zurück.

Auf dem virtuellen Sofa sitzend redeten und redeten die beiden stundenlang über alles Mögliche, vor allem aber über die neue Situation mit Ricky. Wie sollte Susanne das Geld zusammenbekommen? Vor allem, was würde das an Folgekosten nach sich ziehen? Ricky war zwar noch nicht unbedingt alt – erst 16 wie Erik ein paar Tage später erfahren sollte – aber dennoch würden in ein paar Jahren unabwendbar Tierarztkosten höheren Ausmaßes oder eine schwere Entscheidung auf Susanne zukommen. Keine Entscheidung, die Susanne sich einfach machen würde, so viel wusste Erik bereits jetzt. Gleichzeitig spürte er aber auch, dass Susanne ihren Ricky wirklich mochte und er selbst wusste ja seit seiner erzwungenen Abstinenz von Felix, wie sich das anfühlte. Irgendwann spät an diesem Abend verabschiedeten sich Susanne und Erik mit sehr unterschiedlichen Gefühlswelten voneinander, Susanne bedankte sich bei Erik und schien dankbar, sich all das endlich einmal mit jemandem außerhalb ihrer eigenen Familie von der Seele geredet zu haben. Erik hingegen war froh und glücklich über das Vertrauen, das Susanne ihm entgegengebracht hatte einerseits und gleichzeitig sehr nachdenklich. Wie sollte oder könnte er Susanne überhaupt helfen? Wie würde er sich in einer vergleichbaren Situation verhalten? Er wusste es nicht. Woher sollte er auch? Er hatte noch nie ein Pferd besessen und – obwohl er in letzter Zeit öfter davon geträumt hatte – würde er es aller Wahrscheinlichkeit nach auch nie tun.

Aber vielleicht brauchte Susanne ja auch nur jemanden, der ihr zuhörte und sie verstand. Ersteres würde Erik garantiert tun, letzteres nach all seinen Möglichkeiten versuchen. Mit diesem Gedanken und einer beinahe absurden Gewissheit, dass es an diesem Abend nicht sein letztes Gespräch mit Susanne auf dem „virtuellen Sofa" gewesen sein würde, rief Erik seine Eltern, damit sie ihn ins Bett bringen konnten.

Von diesem Abend an trafen sich Susanne und Erik beinahe täglich. Zumeist später am Nachmittag oder am frühen Abend. Sie erkundigten sich höflich nach dem Tagesverlauf des jeweils anderen, nach dem, was gut gelaufen war und was schlecht gelaufen war. Von seiner Wunde hatte Erik bislang allenfalls eine Andeutung gemacht, da sie ja schließlich der Grund gewesen war, dass er nicht reiten konnte und auch der Grund, warum er sich so sehr über die Videos von Ricky gefreut hatte. Außerdem fand er, dass es noch nicht an der Zeit war, genauer darauf einzugehen, aber irgendetwas sagte ihm, dass es später dazu kommen würde.

Für Erik war es mindestens genauso wichtig, dass er nun zum ersten Mal nach sehr langer Zeit einfach mal wieder über alltägliche Dinge sprechen konnte und dass es jemanden gab, den es interessierte, wie sein Tag verlaufen war und was er erlebt hatte. Nachdem auch Susanne von ihrem Tag berichtet hatte, quatschten die beiden oft stundenlang und immer öfter saß Erik dabei auf Susannes virtuellem Sofa. Je öfter es dazu kam umso öfter ertappte sich Erik bei einer Frage: Was würde passieren, wenn wir uns virtuell berühren? War das möglich? Wie würde man das beschreiben?

Erik schob den Gedanken erst mal zur Seite, schließlich wollte er nicht schon wieder von einer Grenze erfahren, die es dann eben auch nur virtuell gab. Aber tat das dann weniger weh? War das besser? All diese Fragen sollten sich einige Tage später von selbst klären und es war Susanne, die sie beantwortete, ohne sie gestellt zu haben. Susanne hatte einen schweren Tag gehabt, irgendwas war mit Ricky nicht in Ordnung gewesen, soviel hatte sie gespürt. Aber mehr als das Bauchgefühl war es nicht gewesen und die Sorge um Ricky lastete schwer auf ihr, denn von ihrer sonst ansteckenden Fröhlichkeit und ihren liebevoll frechen Sprüchen war wenig übriggeblieben. Plötzlich sagte Susanne unvermittelt: „Ich möchte meinen Kopf an Deine Schulter legen und einfach dort liegen bleiben." Das tat sie dann auch und sie schrieben sich die beiden beinahe eine halbe Stunde lang, wie sie sich gegenseitig versuchten zu trösten.

Dass es für Erik möglich war, selbst in einem virtuellen Gespräch so etwas wie Wärme, Geborgenheit und Frieden zu finden, überraschte ihn. Trotzdem ging er an diesem Abend zufrieden und glücklich wie schon sehr lange nicht mehr ins Bett. Dass es einmal wieder sehr spät geworden war, interessierte ihn nicht. Über lange Zeit beherrschten Ricky und seine Gesundheit die Gespräche zwischen den beiden und auch das gegenseitige Anlehnen und Trösten, vorsichtige Berührungen und gegenseitiger Respekt wurden zunehmend feste Bestandteile zwischen den beiden.

Immer häufiger ertappte sich Erik bei dem Gedanken, ob er wohl gerade dabei war, eine virtuelle Beziehung zu starten oder ob Susanne das zulassen würde. Zwar wusste Erik, dass auch Susanne ohne festen Partner war, aber das bedeutete ja nicht zwangsläufig, dass auch beide wieder eine feste Partnerschaft wollten oder dass zwei zufällig am selben Ort zusammentreffende Singles etwas miteinander anfingen, auch wenn sie beide auf der Suche waren.

Trotzdem fühlte sich Erik von der Idee fasziniert und irgendwie schien es ihm auch einfacher, einen Korb von jemandem zu bekommen, den man nie gesehen hatte. Er würde sich also trauen, den Weg weiter zu gehen, soviel stand fest. Aber würde er auch der sein, der den Weg aktiv gestaltet, oder würde er nur der sein, der auf das wartet, was Susanne zulässt oder möchte?

Wenige Tage später sollte sich auch diese Frage beantworten und es sollte wie so oft ein Mittelweg werden. Es war in Düsseldorf wie auch in Eriks Heimatstadt ein sehr warmer Tag gewesen und so knöpfte am Abend auf den Sofa Erik sein Hemd auf. Vor Überraschung, aber auch in einem plötzlichen Anflug von Lust, fragte Erik viel zu direkt, ob er ihr auch ein Kleidungsstück aufknüpfen soll. Jetzt war es an Susanne, etwas geschockt zu reagieren. Grund dafür war aber weniger das gewesen, was Erik gesagt hatte, sondern die Art, wie er es gesagt hatte und genau das schrieb Susanne Erik auch zurück Erik blieb offensiv. Er spielte mit der Tatsache, dass er noch Jungfrau gewesen war und noch nie eine Freundin hatte und folglich auch nicht recht wissen konnte, wie man so etwas vorsichtig und angemessen anstellt. Eine dreiviertel Stunde lang erhielt er von Susanne einen kostenfreien Kurs, Flirten für Anfänger, dann saßen die beiden mit aufgeknöpften Oberteilen und Blick auf die Unterwäsche auf dem Sofa. Eine weitere Stunde später hatten sie sich das erste Mal geküsst. Die Beschreibung dieses Umstandes in allen Einzelheiten war so schön, so einfühlsam gewesen, dass sie Erik erregte und er fast glaubte, es könne in der Realität kaum schöner sein. Einem scheuen flüchtigen ersten Kuss waren wortreich viele weitere in verschiedenen Spielarten derselben Disziplin gefolgt. Mit einem langen Gutenachtkuss verabschiedeten sich die beiden für diesen Abend voneinander und Erik hatte eine

Freundin, so sah er die Sache jedenfalls. Das Glück, das er dabei empfand, ließ sich kaum in Worte fassen. Es war, als hätte sich sein lang gehegter Traum erfüllt und der Hüpfer, den sein Herz jedes Mal machte, wenn er mit Susanne sprach, bestätigte ihn in seiner Entscheidung. Über einige Wochen blieb es bei Küssen, Zärtlichkeiten und irgendwie dem halben Weg zu einer Beziehung, bis es erneut Erik war, der die Grenze versuchte zu verschieben, auch dieses Mal zu offensiv aber auch dieses Mal ohne Abfuhr, sondern mit der etwas kessen Antwort: „Aber ich glaube, auch dafür gehen wir noch mal ins Trainingslager und ich bin Deine Trainerin". Zwei Tage nach diesem Satz hatten sich Erik und Susanne das erste Mal komplett ausgezogen, eine Woche später hatten sie das erste Mal miteinander geschlafen.

Es fühlte sich seltsam an, es nur in Worten zu tun und dennoch fühlte sich Erik so glücklich wie nie und er war sich sicher, dass er in nächster Zeit nicht mehr nach einer Freundin würde suchen müssen. Tatsächlich entwickelte sich die Beziehung viel besser und viel intensiver als Erik zu träumen gewagt hatte, neben alldem was Susanne bereits von Anfang an für Erik besonders gemacht hatte und was sie zu einer wichtigen Person in seinem Leben gemacht hatten, wurde nun auch die virtuelle körperliche Liebe zu einem festen Bestandteil zwischen den beiden.

Sie liebten sich regelmäßig. Mal innig, mal schnell, mal sanft, mal ausgiebig. Oft war es Susanne, die dabei den Ort bestimmte. Dabei achtete sie sorgsam darauf, dass alle Orte, die sie auswählte, auch Eriks Behinderung berücksichtigten. So baute sie ihm beispielsweise unter dem Apfelbaum ein Lager aus Kissen, das er als Armstütze nutzen konnte, während sein Rücken sicher am Baumstamm angelehnt war und Susanne ihn ebenfalls berührte und ihm Halt gab. Im Anschluss ließ man sich gemeinsam in das Kissenlager fallen, roch das Gras und küsste sich innig. Je länger und je öfter das so ging - inzwischen waren die beiden seit über einem Monat ein festes Paar - umso mehr und umso heftiger spürte Erik, dass ihn der Gedanke auch körperlich vollständig erregen konnte.

Die Beziehung zwischen Erik und Susanne entwickelte sich für Eriks Geschmack großartig. Die Tatsache, dass nach der anfänglichen Verliebtheit mehr und mehr Alltagsfragen in den Mittelpunkt rückten, störte ihn ebenfalls wenig. Schließlich bereitete ihm das genauso viel Freude, Susanne in Frisur- oder Kleiderfragen zu beraten oder ihr bei Problemlösungen zu helfen. Für beides war Vertrauen und Zuneigung nötig. Insgesamt acht Monate sollten Erik und Susanne ein glückliches Paar bleiben und auch Eriks Eltern fragten zumindest nicht bewusst nach, obwohl Erik sich beinahe sicher war, dass sie etwas mitbekommen hatten. Schließlich hatten er und Susanne sich einmal bis um halb fünf Uhr morgens geliebt und Erik war erst danach ins Bett gegangen. Die verschlafene Frage, was Erik denn so gegen drei Uhr in der Nacht noch so Wichtiges in einem Online-Chat zu tun habe, die aus dem Elternschlafzimmer gekommen war, hatte er besser nicht beantwortet. Das war auch nicht nötig gewesen, denn seine Eltern waren beinahe umgehend wieder eingeschlafen.

Doch dann freute sich Erik auf eine Sylt-Reise, die er gemeinsam mit seinen Eltern unternehmen wollte. Die

Freude war zwar etwas getrübt durch die Tatsache, dass er Susanne acht Tage nicht sehen würde und dass sie ihn nicht begleiten konnte. Dennoch sollte es ein schöner Urlaub werden und Erik versprach Susanne, dass er sich wenigsten per SMS melden würde. Das tat er dann auch. Zum ersten Mal bekam er keine Antwort.

Erik wunderte sich, machte sich aber noch keine Gedanken. Susanne hatte ihm ja erzählt, dass sie beruflich stark eingespannt sei und dass es ihr nur abends möglich wäre zu antworten. Als er auch am Folgetag keine Antwort bekam, wurde es Erik langsam mulmig, schließlich haben sich die beiden am Abend vor Eriks Abreise noch einmal leidenschaftlich geliebt. Für Erik war es sogar der leidenschaftlichste Sex gewesen, den die beiden je hatten. Er konnte sie riechen, konnte sie fühlen, konnte sie schmecken. Diesmal hatte sie wirklich kein Detail ausgelassen und Eriks Unterhose war zum ersten Mal auch in der Realität feucht geworden.

Den ganzen Sylt-Urlaub über sollte Erik aber nichts von Susanne hören und irgendwie ahnte er schon, dass Erik bei seiner Rückkehr unangenehme Neuigkeiten erwarten würden. So kam es dann auch. Am ersten Morgen nach seiner Rückkehr eröffnete ihm Susanne, dass sie in der Realität jemanden kennengelernt habe und dass sie hoffe, dass Erik ihr nicht böse sei, es wäre eine nette Zeit gewesen. Erik saß da wie versteinert. Was war das denn? Hatte sie gerade mit ihm Schluss gemacht? Das Wort war nie gefallen und gestritten hatte man sich auch nicht, doch dieser Satz hatte eine ungeahnte Endlichkeit und Bestimmtheit in sich gehabt. Auf der einen Seite war Erik bewusst, dass er Susanne nicht würde aufhalten können. Schließlich wohnten die beiden mehrere hundert Kilometer entfernt von einander und sie hatten es während der gesamten acht Monat nicht einmal geschafft, sich im realen Leben zu sehen. Anläufe dazu hatte es zwar gegeben, aber sie waren immer aus anderen Gründen gescheitert. Mal war bei Susanne etwas dazwischengekommen, mal hat Erik keine Assistenz bekommen und sicher war Erik auch bewusst, dass eine Distanzbeziehung in seiner körperlichen Situation mit noch mehr Herausforderungen als ohnehin schon verbunden war. Dennoch war Erik einfach nur traurig und fassungslos. Nichts hatte daraufhin gedeutet und eine Trennung war genauso wenig thematisiert worden wie eine mögliche Beziehung. Beides war einfach irgendwie passiert.

Zum Glück war Isabelle ebenfalls online- Sie war die Einzige, der Erik bereits während der Beziehung von Susanne erzählt hatte und so sollte sie wieder einmal diejenige sein, die Eriks Frust und Trauer auffangen musste. Auch das tat sie in einer unglaublich warmherzigen und liebevollen Weise, die Erik wieder einmal zeigte, was für eine wertvolle Freundin Isabelle inzwischen geworden war. Da all das über Messenger so blöd war, hatte sie ihn keine fünf Minuten nach der Trennung angerufen und ihm einfach nur geduldig zugehört. Verabschiedet hatte sie sich mit dem Satz: „Jetzt weißt Du wirklich was Liebeskummer ist und ich weiß, dass er irgendwann vorbei geht und sein muss, wenn man seine große Liebe finden will." Die Weisheit dieser Worte sollte Erik erst sehr viel später begreifen.

Doch auch diese Kapitel dieses Buches ist an dieser Stelle noch nicht ganz zu Ende erzählt. Ungefähr sechs Wochen nach der Trennung war es Susanne die sich bei

Erik meldete, um ihm zu berichten, dass sie sich nun auch von ihrem realen Freund getrennt habe und ob Erik eventuell Lust hätte „das, was so jäh geendet hatte wieder aufleben zu lassen und auf eine Fortsetzung zu bauen." Nun waren Erik und Susanne ein zweites Mal zusammen, schließlich gab es für Erik keinen Grund, Susannes Gesuch abzulehnen. Die beleidigte Leberwurst zu spielen schien Erik an dieser Stelle denkbar falsch, schließlich wollte Susanne das fortsetzen, was das bislang Schönste in seinem Leben war. Tatsächlich schien es so, als hätte es die erste Trennung nicht gegeben. Die Vertrautheit stellte sich augenblicklich wieder ein, die Liebe wurde noch intensiver und an noch ungewöhnlichere Orte verlegt.

Für vier Wochen war das Glück zu Erik zurückgekehrt. Dann trennte sich Susanne ein zweites Mal für jemanden im realen Leben und Erik wusste, dass das nun das endgültige Ende seiner Zweisamkeit bedeutete. Wieder ohne Streit, wieder ohne richtig große Trennung, alles wie gehabt. Erik empfand trotz allem Dankbarkeit und Glück über die gemeinsame Zeit. Das Einzige worüber er wirklich traurig war, war die Tatsache, dass Susanne der Frage, ob sie auch Gefühle für Erik habe, stets ausgewichen war. Erik sollte es nie erfahren.

Das Internet als Selbsthilfegruppe

Einerseits war Erik glücklich, dass er so lange mit Susanne eine schöne Zeit erleben durfte, andererseits machte es ihm auf schmerzliche Weise bewusst, wie anders er doch war. Allmählich bekam er das Gefühl, dass er hätte tun können, was er wollte, das Ergebnis wäre doch immer dasselbe gewesen: Er war ein netter Kerl und eigentlich hatte er auch keine tief liegenden dunklen Seiten gehabt, man wünschte ihm viel Glück, aber mit ihm zusammen sein wollte man nicht. Erik konnte sich allerdings auch nicht vorstellen, dass er der einzige Mann in so einer Situation war und so entschied er sich – eigentlich zum ersten Mal in seinem Leben bewusst nach Menschen mit Behinderungen zu suchen, denen es ähnlich ging.

Die Suchanfrage bei Google sollte der erste Schritt sein. Auf die Anfrage „Behinderung und Sexualität" erhielt er eine relativ überschaubare Anzahl von Treffern und bereits auf der zweiten Seite fand er etwas Ansprechendes. Betroffene hatten sich im Internet zu einer Gruppe zusammengetan, um dort ungestört über Wünsche, Bedürfnisse und Probleme und Hilfsmittel diskutieren zu können. Eigentlich genau das, was Erik gesucht hatte, auch wenn es ihm zunehmend peinlich wurde, dass er noch unberührte Jungfrau war und noch nicht einmal wusste, ob sein Penis zu mehr als zum Pinkeln taugte.

Trotzdem fasste er sich ein Herz und beantragte die Aufnahme in die Gruppe, diese wurde ihm keine zwei Stunden später gewährt und der Gruppenadministrator stellte sich als Harald vor. Er war in etwa in Eriks Alter, hatte selbst eine Behinderung, schien dabei aber über deutlich mehr sexuelle Erfahrung zu verfügen als Erik. Er sei hoch erfreut, dass es in der Gruppe nun ein neues Mitglied gäbe und vielleicht auch etwas mehr Leben hineinkäme, denn irgendwie sei die Gruppenaktivität deutlich weniger geworden, auch wenn Harald selbst nicht wisse, woran es liegen könnte.

Harald bat Erik noch um eine kurze schriftliche persönliche Vorstellung, die er dann an die Gruppe weiterleiten würde, damit sich die Gruppenmitglieder ebenfalls ein Bild von Erik machen konnten. Auf Eriks Frage, wie offen er denn bei der Vorstellung sein sollte oder dürfte, antwortete Harald ihm süffisant: „So offen, wie Du sein möchtest". Also entschied sich Erik für einen Mittelweg, denn schließlich gingen seine intimsten Wünsche ja auch niemanden etwas an. Erschwerend hinzu kam noch, dass er eigentlich nicht einmal selbst wusste, wie diese Wünsche denn aussahen.

Eigentlich hat er bis dahin nur gewusst, dass er mit einer Frau ins Bett wollte und dass er das Gefühl haben wollte, dass Berührungen gefühlt, gewollt, in Ordnung und nicht nur professionell waren. Tatsächlich bekam er, als Reaktion auf seine Vorstellung, schnell viele Antworten, die ihrerseits wiederum Vorstellungen des jeweils Antwortetenden enthielten. Etwas verwundert stellte Erik fest, dass ihm ausschließlich Männer geantwortet hatten.

Gab es in dieser Gruppe keine Frau? Schnell entwickelte sich jedoch ein relativ reger, wenn auch kurzer Austausch innerhalb der Gruppe und bereits wenige Tage nach seiner Aufnahme schrieb Erik Harald auch unter seiner privaten E-Mail-Adresse. Der private Austausch zwischen den beiden lief so gut, dass Harald ihm konkrete Tipps dazu gab wie Erik auf dem Wege der Selbstbefriedigung eventuell „Druck vom Kessel nehmen" konnte, auch wenn viele dieser Tipps für Erik nicht umsetzbar waren und er bei vielem einfach noch nicht wusste, ob es ihm gelingen würde, da er es noch nie probiert hatte.

Den themenbezogenen Austausch hatten die beiden aber darüber, wie Erik seine Angst und seine peinliche Berührung vor der eigenen Sexualität überwinden könnte. Erik sei schließlich kein „Es", sondern er habe dieses Teil zwischen den Beinen nicht ohne Grund bekommen. Es gelte, etwas Sinnvolles damit anzufangen. Erik beneidete Harald beinahe über seinen unverkrampften Umgang mit seiner eigenen Sexualität, schließlich war auch bei ihm die Mutter im selben Haus und somit nie weit weg. Die beiden schrieben sich beinahe Romane zu diesem Thema, deren Details nicht in dieses Buch gehören. So viel sei aber doch preisgegeben und verraten, die Tatsache, dass Harald selbst behindert war und seine eigene Sexualität bereits wesentlich weiter erforscht hatte als Erik die seine, erwies sich für Erik aus zwei Gründen als besonders vorteilhaft.

Er konnte zum ersten Mal völlig angstfrei über Ängste, Wünsche, Sorgen und seiner eigenen Geilheit sprechen und, sollte er Angst haben, dass etwas nicht funktionierte, hatte Harald bereits eine alternative Idee. Ein kleines Beispiel hierzu darf ich mit Eriks Einverständnis doch preisgeben: Nachdem Harald ihm in beinahe unerträglich vielen Einzelheiten beschrieben hatte, wie er sich auch nur mit einer gesunden Hand durch Berührung an seinem Penis selbst befriedigen konnte, überkam Erik die Sorge, dass er während er das tat auf Grund der Anstrengung die Spastik hätte einschießen können. Haralds Antwort dazu: „Ich habe mal einen Tipp bekommen von jemanden aus der Gruppe, wie man sich aus elektrischer Zahnbürste und Babyschnuller ein genau für diesen Zweck geeignetes Hilfsmittel selbst bauen konnte. Widerstand sei dagegen ohnehin zwecklos und es würde garantiert nicht lange dauern, sodass die Spastik mit dem Hilfsmittel die Gelegenheit hätte einzuschießen." Erik sollte doch noch einmal in die Gruppe posten zum Thema Hilfsmittel.

Tatsächlich hatte Erik keine zwei Stunden später die Bauanleitung zu diesem Gerät. Ein Nutzer namens Robby war so freundlich gewesen. Als Erik sie las war er zunächst verwirrt und verstand nicht – wie so oft in Bezug auf seine eigene Sexualität, fand die Idee aber irgendwie doch spannend, denn schließlich würde wohl niemand bei den gebrauchten Gegenständen an ein Sexspielzeug denken, sodass es im Gegensatz zu einem Dildo oder ähnlichen beinahe an jedem Ort der Welt einsetzbar wäre. Die Beispiele, die Robby im Anschluss folgen ließ, waren beeindruckend.

Erik war beinahe versucht, sofort in den nächsten Drogeriemarkt zu gehen, um sich alle benötigten Teile zum Bau des Gerätes zu kaufen. Doch Erik wäre nicht Erik gewesen, wenn ihm nicht auf der Stelle sofort wieder ein Grund eingefallen wäre, warum dieses Gerät für ihn nicht in Frage kam. Er hätte es nie allein bauen können und wen sollte er bitten, ihm beim Bau zu helfen, ohne dass dabei Fragen aufgekommen wären, was genau er denn da macht und wofür das gut sein solle.

So bleibt Erik die Faszination über dieses Hilfsmittel bis heute, ohne dass er es jemals selbst ausprobiert hat. Irgendwann traute er sich dann doch schließlich, als er mitten in der Nacht wach geworden war, die Sache mit der Berührung mit der Hand auszuprobieren. Das Ergebnis war einerseits umwerfend, andererseits aber auch schockierend gewesen. Das berührte Körperteil hatte sich binnen Sekunden zu voller Größe aufgerichtet und war dabei so hart geworden, dass es Erik beinahe schmerzte. Sollte er weiter machen und damit dafür sorgen, dass seine Eltern garantiert mitbekamen, dass ihr Sohn ein sexuelles Wesen war? Oder sollte er aufhören und es erst mal bei der Erkenntnis, dass er eine Erektion bekommen konnte, belassen.

Aus Erik heute nicht nachvollziehbaren Gründen entschied er sich damals für letztere Variante, was er damit bezahlte, dass ihm sein Schwanz noch eine halbe Stunde schmerzte und er nicht weiterschlafen konnte. Als er dann auch noch feststellte, dass das Stoppen der nächtlichen Aktion nicht einmal das gewünschte Ergebnis hatte – seine Schlafanzughose war am nächsten Morgen doch feucht gewesen – ärgerte sich Erik, denn schließlich hatte er so nicht einmal bewusst mitbekommen was passiert war. Sein Ärger wurde noch dadurch gesteigert, dass auch seine Mutter sah, was geschehen war und ihn ungewöhnlich direkt aufforderte „solchen Schweinkram doch bitte zukünftig zu unterlassen". „Na toll" dachte Erik, „jetzt habe ich schon mal den Schweinkram gemacht, den ich mir seit Jahren wünsche und dann kriege ich es noch nicht mal mit." Und wieso war das überhaupt Schweinkram?

Die Themen für die nächsten vier E - Mail Romane mit

Harald standen also fest und führten im Ergebnis im Wesentlichen zu zwei Ergebnissen: Harald war die Reaktion von Eriks Mutter genauso unverständlich wie Erik selbst, und manchmal schien es Erik, als könnte er Haralds Kopfschütteln geradezu durch den Monitor sehen. Man einigte sich darauf, dass es sich dabei wohl um ein Generationenproblem handeln müsse. Haralds Bitte, dass Erik seine Mutter fragen sollte, ob er denn im Dunkeln entstanden sei, setzte er freilich nie in die Tat um. Und er bekam noch einen Tipp: Wenn Du schon Stress kriegst, dann mach es das nächste Mal wenigstens zu Ende.

Wenige Tage später stellte sich Erik ein gewisser Axel vor. Axel war eine sehr interessante Persönlichkeit. Axel war etwa fünfzig Jahre alt und hatte Eriks Beiträge bislang nur gelesen, bat aber ohne Umschweife um Eriks private E – Mail Adresse damit er sich ihm etwas ausführlicher vorstellen könnte. Erik gab sie ihm. Was er wenig später in seinem Postfach fand, verschlug Erik beinahe die Sprache. Axel erzählte ihm ohne größere Einleitung, dass er mehrere schwere Krankheiten hinter sich habe und über Erfahrungen in der Tantra Massage, sowie im Betrieb von Etablissements verfüge und Erik auf seinen Weg unterstützen wollte. Eriks etwas verwirrte Frage, ob Axel denn mitbekommen hatte, dass Erik auf Frauen stehe, beantwortete Axel mit einem klaren „ja", gefolgt von derart unterschiedlichen freundlich lachenden Smileys, dass Erik vor Scham und Peinlichkeit über seine eigene Frage beinahe errötet wäre. Es sei Axel lediglich darum gegangen, Erik Hilfe anzubieten und damit indirekt die Frage zu verknüpfen, ob er sich die Inanspruchnahme von sexuellen Dienstleistungen würde vorstellen können.

Interessante Umschreibung für eine Prostituierte, dachte Erik. Das böse Wort mit N, das viele in seinem Umfeld benutzten, wollte ihm irgendwie nicht über die Lippen. Schließlich begann er langsam zu verstehen, dass es durchaus gute Gründe geben konnte, warum man eine Dame des Gewerbes aufsuchte. Gleichzeitig war ihm aber auch bewusst geworden, dass er sich weder mit dieser Frage, noch mit allem, was damit verbunden sein könnte, jemals auseinandergesetzt hatte. Zwar wusste er, dass es eigentlich nicht das war, was er suchte und dass es ihm vermutlich auch das, was er suchte, nicht würde ersetzen können. War es für ihn vielleicht trotzdem eine Möglichkeit, überhaupt einmal Sex zu haben? Auf der anderen Seite würde das bedeuten, dass er damit auch den letzten Teil seines Lebens dem Diktat von Zeit und Geld unterwarf und auch dieser Teil irgendwie nach einem festgelegten Drehbuch ablaufen würde. Noch war er gegenüber der Idee eher skeptisch; dennoch würde er sie einmal im Hinterkopf behalten. Er begann sich heimlich auch über Preise für diese Dienstleistungen zu informieren oder wenn er allein war, ja so was gab es tatsächlich, Portale für diese Dienstleistungen zu besuchen.

Zunächst allerdings führte es nur dazu das Erik völlig verwirrt war, zum einen überraschte es ihn, wie viele verschiedene Frauen es in diesem Gewerbe gab, zum anderen irritierte ihn dass dort für ihn nur ein unverständliches Gewirr aus Zahlen, Ländernamen oder Ein-Wort-Begriffen stand, mit dem Erik zuerst einmal so gar nichts anfangen konnte. Da stand dann etwa so etwas wie „69, französisch, spanisch, Natur, Latex". Alles klar? Erik war nichts klar, also wandte er sich auch mit diesen Fragen wieder an den einzigen Menschen, von dem er sich zu diesem Zeitpunkt Hilfe versprach, Harald. In der Tat sollte Harald ihn auch dieses Mal nicht enttäuschen. Er erhielt eine fein säuberliche Auflistung aller Begrifflichkeiten, die er ihm schickte nebst Erklärung für Einsteiger sowie, sollte Harald glauben dass diese Technik für Erik umsetzbar wäre, bebilderte Darstellungen in Form von Bleistift oder Strichzeichnungen. Es folgte die lehrreichste Woche in Eriks Leben und allmählich entwickelte er eine leichte Vorstellung davon, was er gerne einmal ausprobieren wollte.

Jetzt hatte Erik zwar eine erste, wenn auch noch ziemlich vage Vorstellung von dem, was er gern einmal erleben würde. Das war zwar ein Fortschritt, doch aus den erhaltenen Antworten ergaben sich mindestens ebenso viele neue unbeantwortete Fragen.

Wie konnte man die Damen des Gewerbes finden? Bot jede von ihnen ihre Dienstleistung auch Menschen mit Behinderung an? Wie hoch war das Risiko einer Infektion? Würde die Wunde ein Problem sein? Wie konnte Erik die „Richtige" für sein Vorhaben finden? War die Begleitung durch eine Assistenzkraft möglich, und, wenn ja, wer sollte es sein? Insbesondere die Antworten auf die letzten beiden Fragen erwiesen sich komplizierter als gedacht.

Isabelle, die vor einiger Zeit einen zusätzlichen Klienten zu Erik hinzubekommen hatte, wurde von der Assistenzorganisation zunehmend dort eingesetzt und vor kurzem hatte man Erik eröffnet, dass sie in naher Zukunft ausschließlich dort eingesetzt werden sollte. Isabelle war von dieser Information genauso überrascht gewesen wie Erik selbst. Dennoch stimmte diese Information Erik unglaublich traurig, denn es bedeutete, dass er eine Vertraute, die er selbst gern als seine erste echte Freundin bezeichnete, deutlich seltener sehen würde. Er hatte große Angst, dass er sie ganz verlieren würde, auch, wenn das eigentlich gar nicht zu Isabelles Naturell gepasst hätte.

Für die konkrete Problemstellung bedeutete das allerdings, dass es die Planungen für den Ausflug mindestens verkomplizierte. Um sicher zu gehen, dass der Besuch bei einer Prostituierten überhaupt möglich war, bat Erik um einen Termin beim Bereichsleiter seiner Assistenzorganisation. Dieser konnte ihm auch verhältnismäßig kurzfristig gewährt werden. Obwohl die beiden sich schon lange kannten, war Erik vor dem Treffen irgendwie nicht recht wohl in seiner Haut. Zum einen, weil er überhaupt nicht einschätzen konnte, wie Herr Ehlers auf sein Ansinnen reagieren würde, zum anderen, weil das Anliegen ja doch sehr privat war und Erik sich so langsam vorkam, als müsse er der gesamten Welt von seinen Überlegungen (ein konkretes Vorhaben war es zu diesem Zeitpunkt, wenn man es genau betrachtete, noch nicht) berichten, damit überhaupt eine Chance auf Realisierung bestand.

Tatsächlich verlief das Gespräch mit Herrn Ehlers aber eher ernüchternd. Dieser äußerte zwar grundsätzlich Verständnis für Eriks Wunsch und könnte sich auch vorstellen, Erik im Rahmen seiner Möglichkeiten zu unterstützen. Gleichzeitig äußerte er aber auch massive und deutliche Bedenken gegen die direkte Beteiligung eines Mitarbeiters an Eriks Vorhaben, selbst wenn diese nur darin bestünde, Erik zu einem Etablissement zu fahren und dort zu warten, bis Erik sich für eine Dame entschieden hatte.

Wenn es dumm liefe, wäre das bereits genug, um sich der „Vermittlung von Prostitution" schuldig zu machen. Andererseits dürfte die Assistenzkraft Erik in dem Etablissement auch nicht allein lassen, bevor sich eine Dame seiner angenommen habe, denn obwohl Erik selbstverständlich volljährig und ohne rechtliche Betreuung sei, so sei er doch in der konkreten Assistenzsituation immer noch Schutzbefohlener. Da Erik sich zu wenig auskannte, um die Richtigkeit dieser Aussage zu beurteilen, nahm er sie zunächst einmal so hin. Sollte Herr Ehlers Recht haben, so bedeutete dies nicht mehr und nicht weniger, als dass selbst ein Bordellbesuch auf Grund von Eriks Behinderung nicht oder nur unter sehr erschwerten Bedingungen möglich war. Denn so sehr er auch versuchte, es zu drehen und zu wenden, auf Hilfe würde Erik wohl auch innerhalb des Gebäudes angewiesen sein.

Selbst wenn es gar nicht so sehr um die Hilfeleistung ginge, wollte Erik ungern allein sein in dieser Situation, in der er sich selbst kaum auskannte und in der es sicherlich auch Spielregeln des Milieus gab, die er ebenso wenig kannte. Wenn er aber einen seiner Assistenten bat, ihn freiwillig, sozusagen als Freundschaftsdienst, zu begleiten, blieben zahlreiche ungeklärte, vor allem versicherungsrechtliche Fragen. Es schien Erik so, als bräuchte er zum Ausleben seiner sexuellen Wünsche nicht nur Glück, sondern wie so oft in seinem Leben auch ein abgeschlossenes Jurastudium.

In seiner Ratlosigkeit tat Erik Ungewöhnliches, zum ersten Mal in seinem Leben wandte er sich an den

„Psychologisch – therapeutischen Beratungsdienst" der an seiner Universität angeboten wurde. Sie waren sicherlich für andere Dinge zuständig, aber zum ersten Mal in seinem Leben hatte Erik das Gefühl, dass er diese Situation nicht ohne fremde Unterstützung und Hilfe würde lösen können. Eine offizielle Therapie erschien Erik in Anbetracht seiner Lage aber doch eine Nummer zu groß und außerdem konnte er die Psychotherapie, so lange sie im Rahmen der Uni stattfand, vorerst noch geheim halten.

Die Beratungsgespräche erwiesen sich durchaus als hilfreich und seine Therapeutin bot Erik sogar an, ihn bei der Kontaktaufnahme mit den Damen zu unterstützen. Er sollte doch erst einmal googlen, wer da für ihn in Frage kam. Wenige Wochen später schickte Erik eine Liste an den Psychologisch – therapeutischen Beratungsdienst.

Die Kontaktaufnahmen erwiesen sich als mehr und mal weniger schwierig, entweder ging es darum, dass keine Hausbesuche durchgeführt wurden oder man sprach nicht genug deutsch und auch das Wort Krüppelzuschlag begegnete Erik das ein oder andere Mal, wenn es darum ging, eine Vorstellung für Preise zu bekommen. Einmal hat er sich sogar getraut, bei einem Bordell ganz in seiner Nähe selbst anzurufen mit ernüchterndem Ergebnis. Zunächst war die Dame am Telefon vergleichsweise unfreundlich, um ihm im Anschluss mitzuteilen, dass sie ihm seine Frage nicht telefonisch beantworten könne, sondern er doch bitte einmal vorbei kommen solle, um das Gespräch mit den anwesenden Damen selber zuführen, selbstverständlich sei das Beratungsgespräch kostenlos mit Ausnahme des Pflichtverzehrs für beide. Das Glas Champagner für 45 € war das günstigste der möglichen Angebote. Erik legte dankend auf und verzichtete auf das Gespräch.

Gerade als er den Gedanken schon wieder verwerfen wollte, dass er seine Jungfräulichkeit gegen Geld verlieren würde, passierte etwas, mit dem er nie gerechnet hätte. Axel schrieb ihm eine E – Mail. Was er da las, verschlug Erik die Sprache. Axel habe beruflich an einem Montag in Hamburg zu tun und habe seinen Chef überzeugen können, bereits einen Tag früher anreisen zu dürfen. Er könnte am Sonntag um 14 Uhr bei Erik sein, dann würden die beiden gemeinsam das anstehende Formel-1-Rennen im Fernsehen anschauen. So hätten dann auch Eriks Eltern die Gelegenheit, ihn kennenzulernen. Später würden die beiden einen Männerabend nach Eriks Vorstellungen verbringen.

Axels Vorschläge reichten in Dimensionen, die Erik sich nicht einmal vorstellen konnte. Es wäre ja auch möglich, Orte aufzusuchen, an denen man anderen Menschen dabei zusehen konnte oder ein Erotikkino, wo sowieso angeblich immer was passierte. Er wäre aber selbstverständlich auch bereit, Eriks Begleitung in ein Bordell zu übernehmen und ihn beim Besuch der Damen zu unterstützen. Schließlich verfüge er ja über reichliche Erfahrung an solchen Orten. Der einzige Haken an der Sache sei, dass Erik sich bis Freitag entscheiden müsse, ob er Axels Angebot annehme oder nicht. Als Erik die E-Mail ungefähr zum fünften Mal gelesen hatte, war es 17.39 Uhr am Mittwochabend. Erik war hin- und hergerissen.

Einerseits hatte er plötzlich und unerwartet Hilfe aus dem Nichts angeboten bekommen, um seinen Plan doch noch in die Tat umzusetzen, andererseits hatte er plötzlich derart viel Angst vor der eigenen Courage, dass ihm sein Herz nicht nur in die Hose, sondern gleich bis in die Schuhe durchrutschte. Wie kam er aus dieser Situation wieder raus, bzw. wie konnte er sie lösen? War das nicht völlig verrückt? Ein beinahe völlig unbekannter Mann hatte Erik Hilfe angeboten, ohne dass auch er nur im geringsten ahnen konnte, was da auf ihn zukam.

Auch Erik fühlte sich bei dem Gedanken, sich einem völlig Fremden anzuvertrauen, nicht unbedingt wohl. Gleichzeitig wusste oder ahnte Erik auch, dass er so eine Chance in absehbarer Zeit kein zweites Mal bekommen würde, also entschied er sich für einen Mittelweg, von dem er aber irgendwie überzeugt war, dass er in einer Absage des Plans enden würde. Er schrieb Axel folgendes zurück: „Wir machen das, aber Du denkst Dir eine Geschichte für meine Eltern aus, was wir an diesen Abend machen". Noch am selben Abend erzählte Erik seinen Eltern von dem anstehenden Besuch, ohne zu erwähnen wo er Axel denn kennengelernt hat. Axel wiederum war von der Idee so begeistert, dass er unumwunden zusagte. So lernten Erik und Axel sich persönlich kennen und das „Erste Mal" rückte für Erik unaufhaltsam näher.

Kurioserweise hatte sich auch die Wunde in den kommenden zwei Tagen vollständig geschlossen, sodass Erik am Sonntag mit gesunder Haut und frisch geduscht Axel gegenübertreten konnte. Er hatte sogar für das Kennenlernen von Eriks Eltern einen selbst gebackenen Apfelkuchen mitgebracht und so ließen es sich die vier schmecken, während Erik mit einem halben Auge und Axel voller Begeisterung den Großen Preis von Belgien in Spa verfolgten. Wie durch Zauberhand verabschiedeten sich Eriks Eltern gegen 18 Uhr freiwillig aus dem Haus, ohne dass sie jemand darum gebeten hatte. Bevor Eriks Eltern gingen, bat er sie noch um Geld, das er gespart hatte und das seine Mutter für ihn verwaltete. Er bat sie um 150 €, das hätte für zwei Stunden im Eroshaus gereicht, wo die halbe Stunde 38,60 € kostete. Auf die unverblümte Frage von Eriks Mutter, ob er denn vorhabe in den Puff zu gehen, antwortete er mit einem derart lauten und heftig übertriebenen „Nein!", dass er auch gleich hätte „Ja!" sagen können. Weitere Nachfragen seitens seiner Mutter gab es jedoch nicht und so stand dem Männerabend nichts mehr im Wege. Unmittelbar nachdem seine Eltern das Haus verlassen hatten, schrieb Erik noch schnell eine E – Mail an das Eroshaus in der er seinen Besuch ankündigte. Er wollte gegen 21 Uhr dort sein.

Das erlösende „Erste Mal"

Als er die E – Mail geschrieben hatte, hatte Erik derartiges Herzklopfen, dass er beinahe nichts anderes mehr zu hören schien und selbst Axels zum Abklatschen ausgestreckte Hand nur wie in Trance wahrnahm. Was machten die beiden hier? Erik kam das alles viel zu unwirklich vor. Saß er wirklich mit einem völlig fremden Mann in seinem Auto, um geplant und zielbewusst in einer beiden unbekannten Stadt mit einer völlig fremden Frau zu schlafen? Das konnte alles nicht wahr sein. Und dennoch freute sich Erik wie ein kleines Kind auf alles, was jetzt passieren würde, er würde zum ersten Mal eine Frau berühren und dieses Mal würde es keine Umstände geben, die das in letzter Sekunde verhindern konnten.

Die ganze Fahrt über unterhielten sich Axel und Erik angeregt, wobei ersterer sehr bemüht war letzterem die Nervosität zu nehmen, die mit zunehmender Fahrtdauer zusehends in ihm aufstieg. Erik nahm zwar wahr, was Axel ihm versuchte zu erzählen, dennoch schienen seine Synapsen im Gehirn völlig außer Kraft zu sein und kreisten nur um das, was etwa nur noch eine Stunde von ihm entfernt war.

Nach 75 Minuten Fahrzeit hatten die beiden „ihren Bestimmungsort erreicht" wie ihnen das Navigationsgerät feierlich mitteilte. Erik traute seinen Augen kaum: das Eroshaus war ein ganz gewöhnliches Wohnhaus mitten an der Hauptstraße gelegen mit grell grüner Leuchtreklame und roten Vorhängen an den von der Straße einsehbaren Fenstern. Irgendwie wirkte das Ganze ziemlich seltsam, da es ehrlich gesagt nicht mal einen

Parkplatz gab und auch der Eingang nicht erkennbar war. Axel stellte Eriks Fahrzeug ab, lud ihn aus dem Fond aus und konnte sich die Frage nicht verkneifen, ob er denn nervös sei. Eriks „Nein" auf die Frage musste wohl noch überzeugender geklungen haben, als Eriks „Nein" auf die Frage seiner Mutter knapp zwei Stunden zuvor. Axel brach in beinahe schallendes Gelächter aus, was die Situation seltsamerweise entspannte. Ein kleines Schild wies den beiden den Weg zum Eingang um die Ecke. Erik wusste nicht ob er weinen oder lachen sollte. Das erste was er sah, waren zwei Stufen und eine wahnsinnig schmale Eingangstür. Natürlich hatte er vorher angefragt ob der Ort barrierefrei zugänglich sei und man hatte ihm gesagt, dass es so wäre und man über reichlich Erfahrung mit Rollstuhlfahrern verfüge. Auf der anderen Seite war Erik beinahe erleichtert, dass der Plan doch noch in letzter Sekunde hätte scheitern können. Axel holte ihn jedoch in die Realität zurück. Er deutete auf einen kleinen Klingelknopf unterhalb der eigentlichen Klingel auf dem ein Rollstuhlsymbol angebracht war. Einige Augenblicke später öffnete eine sehr freundliche Dame um die fünfzig die Tür. In jeder Hand hielt sie eine Schiene, die die Stufen überwinden konnte. Erik trat ein in eine neue Welt, die er noch nie zuvor gesehen hatte. Eine Welt voller neuer Erfahrungen und voller Überraschungen. Die erste davon erwartete ihn bereits kurz hinter dem Eingang, denn neben dem Wegweiser zu den im ersten Stock gelegenen Räumen befand sich ein Hinweis auf ein rollstuhlgerechtes Zimmer im Erdgeschoss. Die Tür wirkte angenehm breit und es würde sicherlich keinerlei Probleme geben, das Zimmer mit dem Rollstuhl zu befahren. Gleichzeitig erklärte die Dame, die den beiden die Tür geöffnet hatte, Erik das Prozedere. Er würde jetzt

38,60 € bezahlen müssen. Dafür bekäme er einen hauseigenen Erosdollar, mit denen er dann die Dame bezahlen könnte. Am Ende des Tages würden alle Damen ihre Erosdollar dann in ihrem Tageslohn eintauschen können. Jetzt würde sie ihm alle zur Verfügung stehenden Damen kurz zur Vorstellung schicken und er müsse sich nur den Namen der Dame merken, die ihn verwöhnen sollte.

Soweit so gut. Was dann passierte, mutete seltsam an. Nach dem Druck auf einen Klingelknopf erschienen vor Erik drei spärlich bekleidete Damen, die sich vorbildlich in einer Reihe aufgestellten. Wie auf ein geheimes Zeichen hin setzten sich alle drei in Bewegung. Bei Erik angekommen stellten sich alle mit ihrem Künstlernamen vor – Erik konnte sich beim besten Willen nicht vorstellen, dass auch nur ein Name in Ansätzen davon real gewesen wäre – und gaben ihm die Hand. Der erste Händedruck war so weich und so ängstlich, dass Erik das Gefühl hatte die Dame befürchte, ihn kaputt zu machen, also nicht diese. Der Händedruck der zweiten Dame war zwar schon etwas normaler, ihr Gesicht verschwand aber hinter einer derart dicken Make-up Schicht, dass Erik das Gefühl hatte einer Maske gegenüber zu stehen und nicht einer Frau. Erik stellte sich schon gedanklich darauf ein, dass er gleich an den Tresen zurückgehen würde, seinen Erosdollar unverrichteter Dinge wieder eintauschen würde und wieder nach Hause fahren würde. Neunzig Minuten zu warten, bis weitere Damen frei würden, das würde er nicht tun. Also war seine einzige Hoffnung die letzte Dame, die zur Vorstellung noch ausstand.
Erik traute seinen Augen kaum: vor ihm stand eine wunderschöne junge Frau mit schwarzen Haaren und

Augen, die so grün waren, wie Erik es noch nie gesehen hatte. Sie stellte sich als Valentina vor und ihr Händedruck war weich, sanft und warm ohne jede Spur von Angst oder Scheu. Erik würde nicht nach Hause fahren, das war in diesem Moment klar. Stattdessen rief er an den Tresen die Nummer drei Valentina bitte. Er wurde gebeten sich doch schon mal in das barrierefreie Zimmer zu begeben und sich ausgezogen auf das Bett zu legen, Valentina würde sich dann gleich um ihn kümmern. Auf dem Weg ins Zimmer flüsterte Axel Erik noch ins Ohr: „Die hätte ich auch genommen. Ich glaube, das wird gut".

Axel legte Erik aufs Bett und zog ihn mit einer Selbstverständlichkeit aus, als hätte er nie etwas anderes gemacht. Dann kam Valentina ins Zimmer und Axel erklärte kurz seine Anwesenheit, um sich dann mit folgendem Satz aus dem Zimmer zu verabschieden: „Du hast das Glück einer männlichen Jungfrau, also sei vorsichtig mit ihm und versau ihm die Erfahrung nicht." Der Tonfall, in dem er das sagte, machte die unausgesprochene Frage: „Haben wir uns verstanden?" absolut überflüssig.

Dann war Erik mit Valentina allein und ihr erster Satz zu ihm war süß und aufregend zugleich. „Ich bin gleich bei Dir, muss mich nur noch kurz nackig machen", säuselte ihm von der anderen Seite des Raumes entgegen. Keine fünf Minuten später lag Erik nackt neben einer ebenfalls nackten Frau. Er war wirklich hier und es würde gleich passieren. Valentina nahm sich alle Zeit der Welt, um mit Erik zu besprechen, welche Wünsche er denn habe und was er sich denn vorstelle. Sie hätte da schon einige Ideen, aber bevor sie die ihm etwas näher erklären würde, hätte sie da noch mal eine etwas seltsam anmutende Frage.

Sie sei erst seit wenigen Wochen hier und dennoch sei Erik bereits der fünfte Klient mit einer Behinderung, der zu ihr wolle. Beim letzten Besuch der Mitarbeiter einer nahe gelegenen Behindertenwerkstatt hätten alle Menschen mit Behinderungen ihre Dienstleistungen in Anspruch nehmen wollen. Ihre Kolleginnen seien arbeitslos gewesen. Valentina fragte Erik, ob er eine Erklärung hätte, warum es so sei. Die hatte er selbstverständlich nicht, erläuterte aber die Gründe warum er sich für sie entschieden hatte und offensichtlich reichte Valentina diese Antwort völlig aus. Beinahe unbemerkt hatten die beiden angefangen sich gegenseitig zu berühren. Als Erik Valentina zum ersten Mal über die Brüste strich, musste er kämpfen nicht zu weinen. Es fühlte sich weich, wunderbar und nach Glück an.

Die Entdeckungsreise der beiden Körper zog sich noch ungefähr zehn weitere Minuten hin und es wurde alsbald klar das Erik weitere 38,60 € benötigen würde, wenn er tatsächlich einen Orgasmus bekommen wollte. Theoretisch hätte er ihn jede Sekunde bekommen können, aber versuchte ihn soweit wie möglich nach hinten zu verzögern, damit diese Erfahrung noch nicht so schnell zu Ende ist. Wie gut, dass Axel noch draußen saß, sein Geld hatte und ohne weitere Rücksprache einen weiteren Erosdollar erwarb. Diesen würde Valentina erhalten, sobald die beiden Vollzug meldeten. Von alldem erfuhr Erik erst hinterher, er war derweil ganz hin und weg von Valentinas Künsten mit dem Mund. Als er dann noch zum ersten Mal ein Kondom auf seinem Penis spürte und ihre Hüften an den seinen auf und ab glitten, war es um ihn geschehen. Dass Valentina ihm beinahe zeitgleich ins Ohr flüsterte: „Du wirst bald kein Junge mehr sein", erregte Erik noch mehr und er hätte beinahe den entscheidenden Moment verpasst. Dass ein Orgasmus derart kurz war und dennoch so befreiende Wirkung haben konnte, verblüffte Erik.

Irgendwie wirkte es auch wie das beinahe perfekte Timing, denn fünf Minuten später wäre der dritte Erosdollar fällig gewesen. So verabschiedeten die beiden sich nach einer Stunde mit einer kurzen Umarmung und dem in Eriks Ohr gesäuselten Satz: „Na du Mann", voneinander.

Erik fuhr wie berauscht nach Hause und Axel zeigte sich erfreut, dass man ihm für die Wartezeit einen Kaffee angeboten hatte, den er dankend annahm.

Erik hatte „es" getan und es fühlte sich fantastisch an. Er konnte kaum fassen, dass die Realität beinahe all seine Illusionen und Vorstellungen noch übertroffen hatte. Lediglich das Küssen war verboten geblieben, aber irgendwie war das auch nicht weiter schlimm. Die nächsten zwei Wochen lief Erik wie auf rosa roten Wolken durchs Leben und er überlegte schon, wie er es schaffen könnte, Valentina wiederzusehen.

Für Erik standen zwei Dinge jetzt fest: Sex ist schön und wenn er ihn schon kaufen musste, dann wenigstens so lange wie möglich mit derselben Frau. Tatsächlich fand er jemanden, der bereit gewesen wäre, ihn zu einem zweiten Besuch bei Valentina zu begleiten. Doch die Pläne wurden gleich aus zwei Gründen durchkreuzt. Zum einen brauchte Eriks Auto einen neuen

Auspuff und die erforderliche Reparatur brauchte Eriks komplette Ersparnisse auf. Zum zweiten hatte Erik bei einem Besuch auf der Geizhaus-Webseite festgestellt, dass Valentina gar nicht mehr unter den dort arbeitenden Damen gelistet war. Eine schriftliche Anfrage per E – Mail brachte ihm lediglich die Antwort, dass sie nicht mehr dort arbeite. Das war die denkbar schlechteste aller möglichen Antworten. Sie löste in Erik ein nicht enden wollendes Karussell von Fragen aus. War Valentina krank? Der Gedanke quälte Erik über mehrere Wochen und es wurde auch nicht unbedingt dadurch besser, dass er wenige Tage später eine Erkältung bekam und zu dieser Zeit auch die Presse ausführlich über das Outing von „No Angels"- Sängerin Nadja berichtete, die ihre HIV Infektion öffentlich gemacht hatte. Es war, als würde auf den größten Rausch, den Eriks Leben je gesehen hatte, der größte Kater folgen. Irgendwie folgerichtig, dachte Erik. Trotzdem fühlte sich der Kater mindestens genauso beschissen an, wie ihn der Rausch glücklich gemacht hatte.

Nachdem die Gedanken über Wochen um die Gründe kreisten, warum Valentina das Geizhaus verlassen hatte, suchte Erik seinen Arzt auf. Dieser lächelte milde und erklärte ihm, wie unwahrscheinlich seine Vermutung sei, stimmte aber trotzdem einer Blutentnahme zu, da Erik sich anders nicht beruhigen ließ. Selbstverständlich war nichts passiert, wie Erik zehn Tage später erfahren sollte und so blieb sein Besuch bei Valentina bis zu der Entstehung dieses Buches in der Familie ein mehr oder weniger offenes Geheimnis.

Ein Flirt unter Reitern

Nun war es also vollbracht. Erik hatte seine Jungfräulichkeit verloren und fühlte sich danach in seiner Ansicht bestätigt, dass es genau das war, was ihm in seinem Leben fehlte. Da er nun auch wusste, dass sein Körper voll funktionsfähig war, startete er einen neuen Versuch und gab eine Kontaktanzeige in einer großen deutschen Pferdezeitung auf. Seltsamerweise fiel ihm der Text auch nahezu ohne jede Überlegung ein. So dauerte es nicht lange, bis eine Kontaktanzeige unter den Reiterinnen Deutschlands gelesen werden konnte. Zum ersten Mal in seinem Leben erhielt Erik auch tatsächlich Post aus seiner näheren Umgebung auf eine Anzeige. Eine erste, wenn auch noch vorsichtige Mail.

Die junge Dame, die Claire hieß, lebte etwa 100 Kilometer von ihm entfernt und hatte ein eigenes Pferd. Sie war auch die erste, die bereits in der ersten Mail beschrieb, dass sie von Eriks Behinderung gelesen hatte und dass es ihr nichts ausmache, da sie im Betreuungs- und Gesundheitsbereich gearbeitet hätte. Solange sie keine sonstigen Abgründe an ihm feststelle, wäre sie zumindest an einer regelmäßigen E-Mail-Korrespondenz interessiert und wer weiß, was sich daraus ergeben könnte. Sie beendete diese E-Mail mit einigen unverfänglichen Fragen, die Erik so ehrlich und schnell wie möglich beantwortete. Keine halbe Stunde später hatte Claire schon wieder geantwortet und sie zeigte sich sehr erfreut darüber, dass Erik offenbar auch Interesse an einem Kontakt hatte und dass seine Antwort so nett gewesen war. Leider müsse sie zum Antworten immer in ein Internet-Café gehen, sodass Erik ihr bitte nicht böse sein solle, wenn es mit der Antwort einmal nicht ganz so schnell funktionieren sollte, wie in diesem Falle. Erik antwortete auch auf diese E-Mail binnen einer halben Stunde und hoffte, dass er noch an diesem Abend eine weitere Antwort von Claire erhalten würde.

Die zweite E-Mail von Erik war deutlich länger geraten, als die erste. Irgendwie schien es ihm, als bräuchte er für die Kommunikation mit Claire nahezu überhaupt keine Anlaufzeit, was bei Erik selten vorkam. Er hatte direkt offen und ehrlich von sich erzählt und dabei den Fokus wie von selbst und automatisch auf seine Freundschaft mit Felix, dem Therapiepferd gelegt. Es schien ihm deshalb nur logisch, weil die beiden sich ja in einer Reiterzeitung kennen gelernt hatten und das Interesse für Pferde die erste Verbindung war, die bestand, ohne dass man sich lange kannte. Er erzählte von der Bedeutung von Felix für ihn, davon, dass Felix es geschafft hatte, dass er sich für Pferde und ihr Verhalten zu interessieren begann und von ganz vielen kleinen Erlebnissen mit ihm, die wohl nur Reiter nachvollziehen können.

Mittlerweile war es später Nachmittag geworden, sodass Erik beinahe nicht mehr damit rechnete, noch am ersten Tag eine zweite Antwort von Claire zu bekommen. Doch als er abends noch einmal in sein E-Mail-Postfach sah, erlebte er eine freudige Überraschung. Claire war tatsächlich noch einmal ins Internet-Café gegangen, weil sie sehen wollte, ob Erik ihr auf ihre Antwort noch einmal zurückgeschrieben hatte. So schrieben sich Erik und Claire tatsächlich am ersten Tag bereits vier Mails. Das mag manchem von Ihnen nicht besonders viel vorkommen, aber für Erik war es außergewöhnlich, da er bislang eher die Erfahrung gemacht hatte, dass er vielleicht eine E-Mail in der Woche bekam, nicht aber zwei am Tag.

Die nächste Woche verging und die E-Mail-Korrespondenz zwischen Erik und Claire blieb so intensiv wie am ersten Tag. Zwei Wochen waren nun vergangen und Claire meinte halb im Scherz, dass sie die Kommunikation mit Erik ein Vermögen kosten würde, da sie nun mindestens dreimal am Tag ins Internet-Café gehen müsste und nicht wie bisher mit ein bis zweimal die Woche auskam. Erik schickte ihr einen lächelnden Smiley zurück und antwortete ihr im Schlusssatz seiner nächsten Mail, dass sie sich ja nicht nur schreiben müssten, sondern sicher vielleicht auch einmal persönlich begegnen könnten. Erik rechnete beinahe damit, dass sein etwas frecher Vorschlag das Ende der Kommunikation zwischen Claire und ihm bedeuten könnte, aber das Gegenteil war der Fall. Claire antwortete ihm, dass sie es dafür noch etwas zu früh fände, der eigentlichen Idee gegenüber aber nicht abgeneigt wäre. Erik sollte sich nur noch etwas gedulden.

Hatte Erik tatsächlich richtig gelesen? Sollte er zum ersten Mal seit Vivien ein Mädchen treffen dürfen? Erik war verwirrt. Er hatte gewollt, dass das passiert, aber beinahe nicht mehr daran geglaubt, geschweige denn daran geglaubt, dass es so schnell gehen könnte und man sich binnen zwei Wochen dafür entscheiden könnte, sich zu sehen. Wie gut, dass er jetzt ins Bett gehen konnte und erst morgen früh würde antworten müssen. Hätte er noch am selben Abend geantwortet, so hätte sich Erik vermutlich um Kopf und Kragen geredet und damit einen sehr schönen Teil seiner Geschichte beendet, bevor diese überhaupt begonnen hätte. Nun hatte er aber erst einmal die Nacht, um sich zu beruhigen und von einer ihm unbekannten Claire zu träumen.

Irgendwie war sich Erik aber sicher, dass er Claire tatsächlich treffen würde und irgendwie ahnte er auch zu diesem Zeitpunkt bereits, dass sie einen längeren Zeitraum in seinem Leben bleiben würde. Am nächsten Morgen frühstückte Erik ganz geduldig mit seinen Eltern, dachte aber bei jedem Bissen in sein Brötchen darüber nach, was er Claire wohl schreiben würde, wenn er sein Frühstück beendet hatte. Dass die E-Mail an Claire an diesem Morgen Eriks erste ernsthafte Tätigkeit werden würde, hatte beinahe die ganze Nacht außer jeder Frage gestanden. Als Erik dann an seinem Computer saß, wollten ihm die Worte dennoch nicht recht einfallen, die er Claire hätte schreiben wollen. So saß er mehrere Minuten vor einem Bildschirm, von dem ihm ein weißes Blatt Papier entgegenstarrte. Immer wieder versuchte er, einen Anfang für seine E-Mail zu finden und immer wieder verwarf Erik den einen oder anderen Gedanken und Anfang. So schwer war es ihm selten gefallen, eine E-Mail zu schreiben. Noch dazu eine E-Mail an eine Person, die er eigentlich kaum kannte und von der er nichts wusste, außer dem, was er in ihren E-Mails gelesen hatte.

Beinahe eine Dreiviertelstunde verging, ohne dass Erik auch nur ein Wort auf das weiße Blatt Papier geschrieben hätte, was ihn immer noch von seinem Monitor anstarrte. Als Erik sich dann doch, nach etwas über einer Stunde Bedenkzeit, für eine Anrede und einen ersten Satz entschieden hatte, musste er sich beherrschen, nicht zu lachen. Grund waren weniger die Worte, die schlussendlich den Weg auf das virtuelle Papier des

Computerbildschirms gefunden hatten, als die Tatsache, dass das Ersinnen von Allerweltsfloskeln und Allerweltsfragen derartig viel Zeit beanspruchen konnte. Auf dem nun ehemals weißen Blatt Papier stand jetzt: „Guten Morgen Claire, hast du gut geschlafen?" Warum war die Sache mit den Frauen nur so kompliziert?", dachte Erik. Seltsamerweise schrieb er den Rest der E-Mail sehr viel schneller, als ihm die eigentlich so simple Begrüßungsformel in den Sinn gekommen war. Angesichts der Uhrzeit, zu der er die E-Mail letztendlich abschickte, schien ihm die so sorgfältig erdachte Anrede auch schon wieder überholt.

Sehr zu seiner Freude musste er allerdings nicht lange auf eine Antwort von Claire auf seine E-Mail des Morgens warten. Zu seiner noch größeren Überraschung enthielt Claires Antwort zum ersten Mal die Andeutung, dass sie bereit wäre Erik zu treffen, wenn sich nicht in den nächsten Tagen noch Gründe aufträten, die ein Treffen für sie unmöglich machten. Welche Gründe das sein könnten, wisse sie zwar jetzt noch nicht, aber ganz ausgeschlossen sei eine Absage ihrerseits immer noch nicht. „Na ja, immerhin weit mehr als er üblicherweise bekam", dachte Erik und die Aussicht auf ein erstes reales Treffen mit einer Frau seit Vivien vertrieb jeden Gedanken an Gründe, an denen dieses Treffen noch scheitern könnte.

Seit seinem letzten Treffen mit Vivien schien Erik eine halbe Ewigkeit vergangen zu sein, vergessen hatte er sie aber noch längst nicht. Nach einer weiteren Woche regelmäßiger E-Mail-Kommunikation stand fest, dass es auch für Claire keine weiteren Gründe gab, die dagegensprachen, dass aus einem E – Mail Kontakt ein

Treffen zweier realer Personen werden solle. Auch der Ort des Treffens war schnell gefunden. Erik konnte sich bei einem Zufall bedanken, dass er Claire ganz in der Nähe seines Elternhauses treffen sollte. Claire musste für ihren Arbeitgeber etwas von einem nahegelegenen Lieferanten abholen und schlug Erik vor, die Abholung unmittelbar vor der Mittagspause vorzunehmen. Im Anschluss würden sie dann gemeinsam eine etwas verlängerte Mittagspause im Einkaufszentrum verbringen. Wenn er wünschte, würde sich Claire auch noch eine kleine Überraschung für ihn einfallen lassen, wenn sie sich am nächsten Donnerstag träfen. Da diese E-Mail am Freitag kam, blieben Erik also noch sechs Tage, um alles Weitere zu organisieren. Er freute sich darüber, dass Claire offenbar daran gedacht hatte, dass Erik Spontanität auf Grund seiner Behinderung schwerer fiel und alles etwas mehr Planung benötigte.
Die Entscheidung, wer Erik zum Treffen mit Claire begleiten sollte, war schnell gefallen und er konnte nur hoffen, dass Isabelle an diesem Donnerstag Zeit haben würde. So schrieb er ihr noch am selben Tag und ihre Reaktion fiel so aus, wie man es von einer Freundin sich nur wünschen könnte. Selbstverständlich würde sie Erik gerne begleiten und auch für den Rest des Tages hatte sie keine weiteren Termine, sodass sie auch eine eventuelle Verlängerung des Treffens unterstützen und begleiten könnte. Erik fühlte sich, als wäre heute sein absoluter Glückstag und dieser Zustand sollte für die nächsten drei Tage anhalten. Danach wurde er von Lampenfieber abgelöst wie Erik es beinahe noch nie erlebt hatte.

Er hatte sein erstes Blind-Date. Werden die beiden sich überhaupt erkennen? Bei Claire war er angesichts seines eigenen Rollstuhls ziemlich optimistisch. Schließlich würde es wohl kaum vorkommen, dass am selben Ort zwei Rollstuhlfahrer zeitgleich auf eine Frau warteten. Aber wenn er ehrlich war, hatte er keine Ahnung, woran er Claire würde erkennen können. Am Donnerstagmorgen hatte Erik so viel Lampenfieber, dass er beinahe versucht gewesen wäre, das Treffen abzusagen. Dass er es nicht tat, war einzig und allein der Tatsache geschuldet, dass er Claires Handynummer nicht besaß und sich keineswegs sicher sein konnte, dass sie noch ihre E – Mails lesen würde, bevor sie sich die knapp hundert Kilometer auf den Weg machte. Erik glaubte aber durchaus, eine Vorstellung davon zu besitzen, was passieren würde, wenn er nicht am Treffpunkt auftauchen würde. Alle E–Mails, die er bisher von Claire erhalten hatte, ließen keinen Zweifel daran, dass sie eine zielstrebige und selbstbewusste Frau war, die keineswegs solche Eskapaden ohne jede Reaktion hinnehmen würde. Wie diese Reaktion aussehen würde, wollte er besser nicht ausprobieren und auch die sonst liebenswerte Isabelle hätte sicherlich einen Weg gefunden, Erik ihren Unmut und seine verpasste Chance vor Augen zu führen.

Also ging es auf den Weg ins Einkaufszentrum. Eriks Herz klopfte beinahe bis zum Hals, als er durch die elektronische Tür fuhr und sich Isabelle neben ihm auf eine Bank setzte. Keine fünf Minuten später trat Claire ins Einkaufszentrum und irgendwie wussten beide, wer der jeweils andere war. Claire sah ganz anders aus, als Erik sie sich vorgestellt hatte. Da er noch kein Foto von ihr gesehen hatte, war seine Vorstellung immer noch präsent. Claire war viel größer als er erwartet hätte, sie trug keine langen Haare, war nicht blond und ihr

Gesicht zierte eine kleine und unauffällige Brille. Die Gesichtszüge wirkten jedoch weich und freundlich und ihr Lächeln, mit dem sie Erik begrüßte, war warmherzig und echt. Wenigstens in dem Punkt trafen sich Eriks Fantasien mit der Realität.

Das Treffen in der Realität sollte noch viel schöner verlaufen, als Erik sich das in der Fantasie ausgemalt hatte. Das Erste was Claire vorschlug war, dass die beiden das Einkaufszentrum wieder verließen, da dies erstens nicht der richtige Ort für dieses Rendezvous war und zum Zweiten wartete ja noch ihre Überraschung auf Erik. Ob er und Isabelle etwas gegen einen zehnmünütigen Spaziergang hätten? Erik traute sich mal etwas und antwortete: „Solange Du weißt, wo es langgeht ist es kein Problem". Claire wusste, wo es langging und keine zehn Minuten später standen die drei vor einem Weidezaun. Erik gab später zu, dass er Isabelles Anwesenheit beinahe im selben Moment aufgehört hatte wahrzunehmen. So standen die beiden dann in etwa zwanzig Minuten vor der Koppel und es entwickelte sich auch in der Realität ein wunderbar leichtes Gespräch ohne Pause zwischen den beiden. Da es Herbst war, wurde es allen am Ende des Koppelbesuchs etwas kühl und man entschied gemeinsam, dass es doch jetzt der richtige Zeitpunkt sei. bei einem Heißgetränk und einer Zwischenmahlzeit weiterzumachen. Also trat man gemeinsam den Rückweg an und ließ sich im Einkaufszentrum Kakao, Tee und Waffeln schmecken.

Als Claire sagte sie müsse nun gehen, weil Ihre Mittagspause um sei und sie ihrem Chef sowieso schon erklären müsse, wieso das so lange dauert hatte, waren bereits zweidreiviertel Stunden vergangen.

Erik entschuldigte sich leichthin dafür, dass er seine Sendezeit länger überzogen hatte, als es Thomas Gottschalk je in einer Sendung schaffen würde und gestand, dass er Claire gerne wiedersehen würde. Claire nahm die Entschuldigung an sagte, dass auch sie sich auf das Wiedersehen freue. Sie wünschte sich aber, dass das Treffen diesmal bei ihr und am Wochenende stattfand. Beides zusätzliche Herausforderungen für Erik, denn zum einen besaß er am Wochenende zu diesem Zeitpunkt keine Assistenz, zum anderen war er sich nicht sicher, ob Claire es bereits jetzt wagen würde, mit ihm allein zu sein. Die letzte Frage beantwortete Claire ihm noch am Abend des ersten Treffens. Genau gesagt beantwortete sie ihm die Frage mit einer Gegenfrage, die lautete: "Erik, hast Du was dagegen, wenn wir bei unserem nächsten Treffen alleine sind?" Erik war überrascht über Claires Mut, hatte aber nichts dagegen.

Blieb nur noch ein Problem: Claire hatte ihn gebeten mit dem Zug zu kommen. Sie würde ihm am Bahnhof abholen und alles Weitere würden sie gemeinsam planen. Wer sollte ihm im Zug begleiten? Eigentlich gab es nur eine plausible Möglichkeit und dennoch zögerte Erik sehr lange, bis er schließlich seine Eltern fragte. Für den Fall, dass sie fragten, wen er denn in Bremerhaven besuchen wolle, so war Claire eine Bekannte aus einen Pferdeforum im Internet. Seine Eltern fragten nicht, boten ihm aber ohne zu zögern Unterstützung an und selbst Claires Ansinnen, dass sie alles für den Rest dieses Tages nun allein machen wollte, beschieden sie positiv. Das Date hatte besser angefangen, als Erik es sich zu träumen gewagt hatte.

So gingen Claire und Erik also an diesem Nachmittag

ihrer Wege und sehr zu Eriks Erstaunen dachte er den ganzen Nachmittag nie daran, wie wohl seine Eltern die Zeit verbrachten und ob sie sich langweilten. Stattdessen fühlte er sich leicht und unbeschwert wie lange nicht mehr und als Claire ihm verriet, dass sie nun als aller erstes einmal zu ihrer Stute fahren würden, konnte der Tag für Erik eigentlich kaum noch besser werden. Der Stall lag etwas abgelegen und außerhalb jeder Verkehrsdichte. An diesem Samstag waren auch nicht ganz viele der Einsteller gekommen, sodass Claire und Erik ziemlich unter sich waren. Das ließ reichlich Raum, das Kennenlernen noch weiter zu vertiefen, während Claire sich liebevoll um ihre Stute kümmerte.

Schritt für Schritt näherte sich das Tier dem Paddock-Zaun, um Erik genauer in Augenschein zu nehmen. Er reichte ihr die Hand, wie er es in einen der vielen Pferdekurse gelernt hatte, und die Stute begann die Hand ausführlich zu beschnuppern. Den nächsten Schritt machte die Pferdedame ihrerseits, indem sie vorsichtig damit begann, mit der Zunge nach der Hand zu tasten. Auch das sehr behutsam, beinahe liebevoll. Insgesamt dauerte das Kennenlernen der beiden, soweit sich Erik erinnerte, wohl nicht länger als fünf Minuten. Dennoch war es ein seltsam gefühlsintensiver Start auch an diesem Ort gewesen. Später an diesem Nachmittag sollten Claire, ihre Stute und Erik noch einen gemeinsamen Spaziergang machen. Dabei führte Claire ihr Pferd nur und dennoch war dieser Spaziergang aus vielfachen Gründen etwas ganz Besonderes für Erik.

Nicht nur, dass er zum ersten Mal „geplant" mit einer Frau allein unterwegs war, nein diese Frau teilte zudem noch seine große Leidenschaft und hatte mit seiner

Behinderung offenkundig keine Schwierigkeiten. Die Dinge, die passierten, schienen sich geradezu wie selbstverständlich zu ergeben. Hätte man Erik vor seinem Treffen mit Claire nach einem perfekten Rendezvous gefragt, so hätte es wohl so ausgesehen. Der Spaziergang mit Claire und ihrer Stute war für Erik das Entspannendste, was er seit langer Zeit erlebt hatte und es tauchte zum ersten Mal die Frage in seinem Kopf auf, ob er die beiden wohl auch hätte so entspannt begleiten können, wenn Claire nicht neben ihrem Pferd hergelaufen wäre, sondern auf seinem Rücken Platz genommen hätte. Diese Vorstellung sollte Erik zukünftig dauerhaft begleiten. Dieser Nachmittag wurde zur Geburtsstunde der Fantasie, dass er eines Tages neben seiner reitenden Freundin spazierte, die beiden dann gemeinsam das Pferd in den Stall brachten und versorgten, um sich anschließend Zeit für gemeinsame Zweisamkeit in welcher Form auch immer zu nehmen.

An diesem Nachmittag blieb es allerdings dabei, dass Claire neben dem Pferd lief und auch als die beiden nach einer guten Stunde, die viel zu schnell vergangen war, zum Stall zurückkehrten, übernahm Claire das Versorgen ihrer Stute vorerst allein. Dennoch fühlte sich der Nachmittag für Erik beinahe perfekt an. Eriks Definition von perfekt sollte sich aber im Verlauf dieses Flirts noch mehrfach verändern. Am Ende eines wunderbaren Tages stand sowohl für Claire als auch für Erik fest, dass die beiden sich wiedersehen würden. Nur Zeitpunkt und Ort waren noch offengeblieben, sollten sich aber im Verlaufe der nächsten vierundzwanzig Stunden klären.

Es war Claire, die vorschlug, auch das nächste Treffen

bei ihr im Stall stattfinden zu lassen. Das Treffen verlief beinahe so ab wie das Erste, weswegen ich die Darstellung des Treffens an dieser Stelle auf die drei Besonderheiten beschränke, die es von dem ersten Treffen unterschieden und verdeutlichten, dass man wirklich einen Schritt weitergekommen war. Erstens hatte Claire für eine kurze Zeit Erik den Strick ihrer Stute in die Hand gegeben, damit er sie führen konnte. Zweitens hatte Erik Claire nach dem Ende des Spaziergangs in den Stall begleiten dürfen und die beiden waren noch eine Weile dort sitzengeblieben, um den Pferden beim Fressen zuzusehen. Für beide war dies pure Entspannung. Ein friedliches Bild nach einem wunderbaren Tag. Schlussendlich hatte sich Erik dazu durchgerungen Claire das an früherer Stelle abgedruckte Gedicht zu Felix vorzulesen. Zu diesem Zeitpunkt war Claire die einzige Person neben Erik, die den Inhalt dieses Gedichtes kannte. Da es mittlerweile schon dunkel geworden war und sich Claire rechts neben Erik auf einen Strohballen gesetzt hatte, während er ihr das Gedicht vorlas, hatte diese Stimmung beinahe etwas romantisches. Nachdem Erik das Gedicht beendet hatte, saßen die beiden einfach noch eine Weile schweigend da und Erik ertappte sich bei dem Wunsch Claire zu berühren genau hier und jetzt.

Es wäre beinahe der perfekte Moment gewesen, wenn nicht der Stallbesitzer hereingekommen wäre und das Licht angeschaltet hätte. Erik musste sich beherrschen, nicht grundlos auf eine völlig fremde Person wütend zu sein. Dass der Stallbesitzer einen für Erik perfekten Moment durch die Betätigung des Lichtschalters zerstört hatte, konnte er genauso wenig ahnen, wie er etwas von Eriks Gelüsten und Fantasien ahnen konnte.

Zumindest im letzten Punkt war das gut so und sollte nach Eriks Meinung auch so bleiben.

Stattdessen folgte also auf eine ausgesprochen romantische Fantasie die eher nüchterne und kühle Planung des nächsten Treffens. Sie schlug vor, dass die beiden sich ja einmal eine DVD ansehen könnten. Erik hatte Claire vom Film Seabiscuit erzählt, den er im Kino gesehen hatte und den Claire verpasst hatte. Da traf es sich gut, dass Erik die DVD besaß. Dass es auch in diesem Film um Pferde gehen würde, war für beide sicher das kleinste Problem.

Den DVD-Abend fassten beide zunächst lose ins Auge, es musste ja nicht beim nächsten Treffen soweit sein, sodass das nächste Treffen wie gewohnt in Bremerhaven hätte stattfinden können. Eriks Assistentin, die Nachfolgerin von Isabelle, die Erik schon einmal nach Bremerhaven begleitet hatte, musste am Wochenende vor dem geplanten Treffen ins Krankenhaus und so kurzfristig war für Erik kein Ersatz zu finden, da das Treffen bereits für Montag angesetzt war. Claire reagierte verständnisvoll auf Eriks Absage und schlug vor, das ausgefallene Treffen am Samstag in Eriks Heimatstadt nach zu holen. Dort könnte sie allerdings nur nachmittags und nicht abends. Erik stimmte dem Plan zu. Schließlich war es nicht oft vorgekommen, dass eine Frau wirklich Interesse hatte, ihn zu treffen und auf widrige Umstände mit einem Vorschlag reagierte, die Situation zu retten, sodass man sich trotzdem sehen konnte.

Das Gespräch beim Kakao verlief gut und harmonisch wie immer, hätte Erik aber bereits erste Anzeichen da-

für liefern können, dass auch dieser Traum jäh enden würde. Immer wieder sagte Claire den Satz: „Ich habe mich nicht in Dich verliebt." Mit beinahe ebenso großer Beharrlichkeit antwortete Erik: „Ich denke, das braucht auch Zeit und ich erwarte auch nicht, dass es jetzt schon passiert ist." Der Rest des Gespräches war wieder unbeschwert und für den weiteren Verlauf der Handlung unbedeutend. So beschlossen dann beide, dass es wenigstens noch ein weiteres Treffen in Claires Heimat geben sollte. Das Treffen terminierten sie dann gleich für den darauffolgenden Samstag. Diesmal hatte Erik eine neue Assistenzkraft dabei, die die langfristige Vertretung der im Krankenhaus liegenden Assistentin übernehmen sollte. So war es Jasmins erste Aufgabe, Erik zu dem Treffen zu begleiten. Es sollte nicht das Einzige sein, was Erik an diesem Morgen ein mulmiges Gefühl in der Magengegend bescherte.
Gerade als er sich auf den Weg ins Badezimmer machte spielten sie im Radio „I want to know what love is" von Foreigner. Der Refrain dieses Liedes hatte beinahe auf ihn und Claire gepasst, denn Erik wünschte sich nichts so sehr, als dass Claire ihm zeigen würde, was Liebe ist, unabhängig davon, was sie beim vorherigen Treffen gesagt hatte. Dass er nun auch noch eine beinahe unbekannte Assistenzkraft an seiner Seite hatte, machte es ihm nicht gerade einfacher, auch wenn klar war, dass Claire wieder mit ihm allein sein würde. Doch bereits als Claire und Erik im Bus zum Stall fuhren, bemerkte Erik erste Veränderungen.

Zum ersten Mal, seitdem er sie kannte trug Claire einen Ring. Erik konnte beim besten Willen nicht deuten, ob das Modeschmuck war oder ein Ring, der etwas bedeutete. Auf die Frage, ob es einen weiteren oder ob es überhaupt einen Mann in Claires Leben gab, bekam Erik keine Antwort. Doch die Seltsamkeiten gingen weiter.

War Claire doch bisher immer mit ihrer Stute neben Erik gelaufen und hatte sich seiner Geschwindigkeit angepasst, so war es diesmal nicht so und Erik hatte selbst bei der Höchstgeschwindigkeit seines Rollstuhls große Mühe, mit Claire Schritt zu halten. Es wirkte beinahe als wollte Claire vor ihm weglaufen. Auch das Unbeschwerte in den Gesprächen hatte Platz gemacht für etwas, was Erik bis zum Abend nicht benennen konnte. Trotzdem unterhielten sich die zwei angeregt und Eriks Einladung, dass Claire ihn zum bald stattfindenden Hallenreitturnier begleiten sollte, nahm sie dankend an. Verwirrt fuhr Erik an diesem Abend nach Hause und noch verwirrter sollte er ins Bett gehen.

Einem nicht bestimmbaren Impuls folgend hatte er noch einmal seine E – Mails abgefragt. Die letzte, die eingegangen war, war von Claire. Die Betreffzeile lautete „Neuigkeiten". Als er die E – Mail öffnete, wäre Erik mit Sicherheit aus dem Rollstuhl gefallen, wäre er nicht angeschnallt gewesen. Die ersten beiden Zeilen der Nachricht lauteten: „Hallo Erik, ich werde heiraten."

Hatte er das richtig gelesen? Wie war das möglich? Nach Eriks Verständnis heiratete man nicht unbedingt jemanden, den man gerade erst kennengelernt hatte. Wenn sie den Mann, den sie heiraten würde, aber schon länger kannte, welche Rolle hatte Erik dann in Claires Leben überhaupt gespielt? Fragen über Fragen, bahnten sich langsam in Eriks Hirn. Gleichzeitig verspürte Erik eine nicht enden wollende Wut. Das Einzige, worum er

Claire jemals gebeten hatte war, dass sie ihm eine faire Chance geben solle und ihr Verhalten bis zu diesem Tag ließ vermuten, dass Claire Erik diesen Wunsch zumindest erfüllt hat. Jetzt aber fragte sich Erik, wie fair eine Chance hätte sein können, wenn Claire einen anderen heiratete, sobald Erik aus der Tür war.

Den weiteren Inhalt dieser E-Mail las Erik wie in Trance. Das Einzige, was ihm klar im Gedächtnis blieb, war die Mitteilung des Hochzeitstermins und Frage, ob er der Zeremonie beiwohnen wolle. Wollte er ganz bestimmt nicht. Seine Antwort an Claire war eine Mischung aus Wut, Enttäuschung und seltsamerweise dennoch Dankbarkeit. Schließlich hatte sie ihm eine sehr lange, schöne und intensive Zeit beschert, in der Erik zum ersten Mal hoffte und hoffen durfte, für das andere Geschlecht attraktiv zu sein. Claire bat ihn in ihrer Antwort darum, ihr nicht böse zu sein und dass sie ihn trotzdem auf das Reitturnier begleiten dürfe, damit nicht zwischen ihnen ungesagt blieb und sie guten Gewissens und dennoch als Freunde auseinandergehen könnten. Erik stimmte auch diesem Vorhaben zu und so hatten die beiden einen schönen Tag auf dem Reitturnier, von dem lediglich ein Ereignis hier erwähnenswert ist, nämlich die Tatsache, dass Claire Erik beim Verzehr seines Eises helfen sollte, da er nicht einschätzen konnte ob, er andernfalls die Waffel zerdrücken würde.
Dieses Ereignis findet deshalb hier Erwähnung, weil Erik sich am Abend getraut hat, Claire zu fragen, warum sie denn nicht zusammengekommen sind bzw. was denn verhindert hatte, dass Claire sich in ihn verlieben können. Claires Antwort zog Erik beinahe den Boden unter den Füßen weg. Sie erschien einerseits so banal,

dass sie kaum der Wahrheit entsprechen konnte, andererseits brachte sie Erik zum Nachdenken. Claire hatte, etwas vereinfacht dargestellt, gesagt, dass Erik ihr zu unselbstständig sei und dafür beispielhaft das Eis beim Reitturnier dafür angeführt. Außerdem würde er ja noch bei seinen Eltern wohnen, was sie ebenfalls störe.

Als Erik die Mail gelesen hatte, war er zunächst ratlos. Hatte nicht jeder Teenager schon eine Beziehung, während er noch zu Hause wohnte? Da verhindert dieser Umstand das Zusammenkommen ja auch nicht. Das mit der Unselbstständigkeit mochte sich zum Teil lösen lassen, setzte aber voraus, dass man Eriks Fähigkeiten vertraute und es die Umwelt auch akzeptieren würde, wenn die Dinge vielleicht anders aussahen, als sie es normalerweise taten. Abgesehen davon hatte Erik nicht den Eindruck, dass er übermäßig viel Hilfe von Claire beansprucht hatte und für sein Empfinden hatte er bereits auch etwas von der von Claire geforderten Selbstständigkeit umgesetzt. Schließlich war er zum ersten Mal in seinem Leben während aller Spaziergänge mit Claire außerhalb seines Zimmers allein und ohne Assistenz mit seinem E-Antrieb gefahren. Wenn es nach draußen ging, hatten seine Eltern ihn bisher immer geschoben.

War Claires Antwort also nur eine Ausrede, die ihr das schlechte Gewissen etwas erleichtern sollte oder steckte etwa in der Begründung doch mehr Wahrheit als Erik sich eingestehen wollte? Zumindest aber hatte sie ein Thema beim Namen genannt, das Erik aber unterschwellig schon sehr lange beschäftigt hatte: Seinen Auszug in eine eigene Wohnung.

Auf eigenen Rädern durchs Leben!?!

Die Frage, ob es tatsächlich daran lag, dass er noch zuhause wohnte, dass Erik keine Freundin fand, beschäftigte ihn zunehmend. Sicher, er war mittlerweile dreißig Jahre alt und wohl kaum einer seiner Altersgenossen hatte noch die „Vollpension im Hotel Mama" gebucht. Auf der anderen Seite mussten Claire und jeder andere einsehen, dass Eriks körperliche Situation vor einem solchen Schritt reichlich Überlegung erforderte. Erik war sich nicht einmal sicher, ob es überhaupt Möglichkeiten gab, dass er eine eigene Wohnung beziehen konnte. Er war, ob er wollte oder nicht, während des gesamten Tages und auch während der gesamten Nacht auf Hilfe angewiesen.

Diese Hilfe war zwar nicht vierundzwanzig Stunden ununterbrochen notwendig, konnte aber andererseits auch kaum so geplant werden, dass die Helfer sich erst im Bedarfsfall auf den Weg machten und erst einige Zeit später bei Erik eintrafen. Auch die Tätigkeiten, die dann notwendig waren, waren durchaus unterschiedlich. Sie konnten von harmlosen Dingen wie beispielsweise das Stecken eines Strohhalms in ein Glas reichen, es konnte aber auch genauso gut die Gabe eines Zäpfchens bei Verstopfung beinhalten.

Wie ließ sich so etwas organisieren, ohne dass man zwangsläufig bei der Unterbringung in einer stationären Einrichtung landete? Würde diese Organisation ihm gleichzeitig so viel Freiheit für Privatsphäre lassen, dass die eigene Wohnung Eriks Chancen beim anderen Geschlecht tatsächlich erhöhte? Als er sich mit diesen Fragen beschäftigte, sagte er immer wieder zu mir: „Ich

verstehe nicht, was es ändern soll. Ich werde immer auf Hilfe angewiesen sein und ob diese Hilfe nun von meinen Eltern oder von sonst irgendjemanden kommt, dürfte doch egal sein, oder? Auch dieser Argumentation konnte man durchaus folgen.
Erik war sich sicher auch darüber bewusst, dass, sollte er wirklich den großen Schritt wagen und ausziehen, die Frauen nicht gerade bei ihm Schlange stehen würden. Außerdem wirkte es ja wohl etwas seltsam, wenn er seinen Eltern erklärte, dass er ausziehen wolle, um eine Freundin zu finden. Dennoch fand auch Erik den Gedanken irgendwie faszinierend, denn schließlich würde er dann keine Geheimnisse vor seinen Eltern brauchen, sondern könnte einfach das tun, wonach ihm gerade wäre. Dass die Sache natürlich nicht so einfach werden würde, wie er sich das vorstellt, sollte Erik in den nächsten drei Jahren seines Lebens auf sehr unterschiedliche Weise erfahren.

Zwar hatten mehrere glückliche Umstände dazu geführt, dass Erik sich alsbald mit seinem Auszug beschäftigen könne, dennoch blieben Fragen. Eriks gute Freundin Isabelle war inzwischen zur Koordinatorin eines neu geschaffenen Bereichs seines Assistenzanbieters geworden, der sich ausdrücklich mit dem eigenständigen Wohnen von Menschen mit Behinderungen beschäftigen sollte.
Wenn Erik das Thema jetzt anginge, würde es bedeuten, dass er alle Fragen mit jemanden erörtern konnte, dem er blind vertraute und der ihm etwas bedeutete. Damit verband er gleichzeitig die hoffentlich nicht unbegründete Vorstellung, dass Isabelle mit ihm ein Konzept erarbeiten würde, bei dem seine Interessen einen ähnlich hohen Stellenwert haben wie Umsatz und Prestige

des Anbieters. Tatsächlich ging es erst mal um ganz einfache Fragen:

Wie wollte Erik wohnen? Was war ihm wichtig? Auf was würde er auf keinen Fall verzichten wollen? Wie viel Geld stand ihm zur Verfügung? Zumindest im letzten Punkt war Erik in einer glücklicheren Lage als viele in einer vergleichbaren Situation. Der Assistenzanbieter, bei dem Erik auch schon seit einiger Zeit im Vorstand mitarbeitete, hatte sich bereit erklärt, Erik nach Abschluss seines Studiums zunächst einmal zur Probe in der Presse- und Öffentlichkeitsarbeit zu beschäftigen. Die Probebeschäftigung war so gut verlaufen, dass sie mittlerweile in einen befristeten Arbeitsvertrag umgewandelt worden war. Das bescherte Erik zwar kein üppiges, aber dennoch ein festes Einkommen. Was die weiteren Fragen angingen, so stand für Erik nicht gerade viel fest. Er wollte nicht unbedingt in eine Großstadt ziehen, wenn es möglich wäre, in der Nähe von Tieren bleiben. Auf frisch zubereitete Mahlzeiten wollte er ebenfalls nicht verzichten. Ein Verzicht wäre für ihn nur im allergrößten Notfall infrage gekommen.

Nachdem diese Fragen geklärt waren, machten sich Isabelle und Erik daran, einen Tages- und Wochenablauf zu erstellen. Das sollte nicht nur dazu führen, dass Erik lernte, was in der neuen Lebenssituation alles auf ihn zukommen würde, sondern es diente auch und vor allem dazu, festzustellen wieviel Assistenzbedarf überhaupt bestand und wie sich dieser auf die verschiedenen Kostenträger aufteilte. Haben Sie keine Angst: Ich werde Sie an dieser Stelle nicht mit dem teilweise undurchdringlichen Dschungel des deutschen Sozialhilferechts langweilen. Zum besseren Verstädnis von

Eriks Situation kommen wir um ein paar Grundzüge dennoch nicht herum. Es ist prinzipiell so, dass für die Arbeitsassistenz ein anderer Kostenträger zuständig ist als für die Assistenz, die in der Freizeit benötigt wird und dieser Kostenträger ist wiederum nicht derselbe, der für alle pflegerischen Leistungen zuständig ist. Die pflegerischen Leistungen wiederum sind auf zwei Kostenträger aufgeteilt, da die Pflegeversicherung nur bis zu einem maximalen Höchstbetrag bezahlt und alles Weitere wieder zulasten eines anderen Bereiches im Feld der Sozialhilfe fällt.

Verkompliziert wird die Sache noch dadurch, dass die Begleitung während des Prozesses wiederum gesondert abzurechnen ist und gleichzeitig nur für diese Begleitung eingesetzt werden darf. Wenn Sie und ich jetzt mitgezählt haben, dann brauchen Sie als Mensch mit Behinderung und hohem Pflegebedarf zum Ablauf eines ganz normalen Tages Assistenzkräfte, die aus fünf verschiedenen Töpfen bezahlt werden. Ist doch alles ganz einfach, oder? Das klingt nicht nur kompliziert, es ist auch kompliziert. Jeder dieser einzelnen Kostenträger könnte nämlich für sich argumentieren, dass eine Unterbringung im Heim oder in einer stationären Einrichtung kostengünstiger sei.

In Eriks Fall ergab die Berechnung, dass monatliche Kosten in Höhe einer fünfstelligen Summe entstehen würden. Ob diese Differenz noch im Rahmen von „zumutbaren Mehrkosten", wie es im Sozialhilferecht heißt, lag, würden persönliche Gespräche erweisen müssen. Für Erik stand fest: in ein Heim würde er nicht gehen.

Die Gespräche mit den verschiedenen Kostenträgern

erwiesen sich als meistens freundlich, stets konstruktiv, aber nie einfach. Zum Teil wurden auch für Erik relativ befremdliche Vorschläge unterbreitet. Ein Vorschlag lautete, man könnte die Anzahl der benötigten Stunden in der hauswirtschaftlichen Versorgung ja auch dadurch verringern, dass Erik keine frischen Mahlzeiten gekocht bekommt, sondern auf einen der zahlreichen Anbieter von Essen auf Rädern zurückgreife. Leider war das nicht das einzige Thema, bei dem die Kostenträger doch mitunter recht kreative Vorschläge entwickelten.

Am schwierigsten gestaltete sich die Bewilligung der Nachtversorgung. Erik war im Liegen beinahe vollständig hilflos, sodass ein Leben in der eigenen Wohnung eigentlich nur sinnvoll erschien, wenn auch in der Nacht eine Person bei ihm war, die ihn beim Lagern unterstützte oder bei sonstigen Notwendigkeiten half. Dass jemand extra zum Lagern auf Zuruf erst anreisen musste, konnte sich Erik kaum vorstellen, mal ganz davon abgesehen, dass ein solches Vorgehen angesichts von Nachtzuschlägen und der jedes Mal anfallenden Anfahrtspauschale wohl unbezahlbar gewesen wäre. Dieser Vorschlag war zwar tatsächlich unterbreitet worden, konnte aber durch den Kostenvoranschlag mehrerer Pflegedienste als zu teuer verworfen werden. Die dann folgende Idee zielte darauf ab, dass Erik ja eigentlich gar nicht mehr gelagert werden müsse, sollte er über eine korrekte und speziell dafür ausgelegte Matratze verfügte. Um dieses Argument zu widerlegen, bedurfte es eines Gutachtens von Eriks Arzt, einem weiteren durch seine Physiotherapeutin und, da dies immer noch nicht genügte, musste auch ein Matratzenhersteller bescheinigen, dass sein Produkt lediglich das gezielte Lagern unterstützt, aber es keinesfalls ersetzen kann.

Das längste dieser Gespräche dauerte insgesamt knapp viereinhalb Stunden und fand in einer Wohnung statt, die Erik möglicherweise bewohnen konnte, da sie derzeitig zum Verkauf angeboten wurde, vollständig rollstuhlgerecht war und auch in einer Anlage für seniorengerechtes Wohnen angesiedelt war. Das war zwar nicht unbedingt die Zielgruppe, die Erik für seine erste eigene Wohnung ins Auge gefasst hatte, aber in seiner Heimatstadt war das nahezu die einzige Möglichkeit gewesen, überhaupt barrierefreien Wohnraum zu finden. Vielleicht konnte man die Wohnung ja auch mieten, denn ein Kauf erschien im Moment noch weit jenseits von Eriks Möglichkeiten. Aber erst einmal musste überhaupt geklärt werden, ob denn alle Kostenträger auch bezahlen würden und wie die Situation im Moment aussah, konnte sich eine Entscheidung in diesem Punkt noch etwas hinziehen.

Immer wieder musste Erik mit Isabelle besprechen, wie man den nun am sinnvollsten vorging. Schließlich würde die Wohnung auch nicht ewig zum Verkauf stehen oder zu vermieten sein. Auf der anderen Seite machte es ja auch wenig Sinn, einen Miet- oder Kaufvertrag zu unterschreiben, wenn man noch gar nicht wusste, ob man die neue Wohnung überhaupt beziehen durfte. Immer wieder wurden neue Ideen und Vorschläge diskutiert, aber erfreulicherweise wurde die Option einer Heimunterbringung mit keinem Wort erwähnt. Erik hoffte inständig, dass das auch so bleiben würde. Aus der Presse hatte er nämlich erfahren, dass in einem knapp 60 km entfernten Ort ein 28-jähriger Mann, der von zu Hause ausziehen wollte, in einem Pflegeheim gelandet war, da eine eigenständige Versorgung „unzumutbare Mehrkosten für den Sozialhilfeträger" verursacht hätte.

Überhaupt verdichtete sich während der gesamten Phase der Eindruck, dass Erik Gefahr lief, auf seine Kosten reduziert zu werden. Beinahe jede Tätigkeit des täglichen Lebens bekam eine Zeitvorgabe und ein Preisschild angeheftet. Erik kannte das bereits von der Pflegeversicherung, aber da hatte man die Freundlichkeit besessen, die Aufsummierung stillschweigend vorzunehmen.

In den jetzigen Gesprächen wurde an mancher Stelle hart um jede Minute gefeilscht. Brauchten Kartoffeln wirklich zwanzig Minuten bis sie gar waren oder konnte man dies nicht auf achtzehn reduzieren? Diese Gespräche waren für Erik ausgesprochen anstrengend und er froh, dass zumindest zahlenmäßig ein Gleichstand herrschte. Hatten sich aufseiten der Kostenträger insgesamt vier Personen angemeldet, so konnte Erik neben Isabelle während des gesamten Gespräches auf die Unterstützung seiner Eltern vertrauen. Auch sie hatten sich allmählich mit dem Gedanken angefreundet, dass ihr Sohn nun bald erwachsen würde und auf eigenen Rädern durchs Leben rollen wollte. Eriks Mutter hatte sogar einmal gesagt, dass es für sie besonders wichtig wäre, dass sie selbst noch erleben dürfte, dass ihr Sohn gut versorgt sei und man das Problem nicht erst angehe, wenn die Versorgung durch die Eltern nicht mehr möglich ist und sie den Prozess nicht mehr begleiten könnten.

Die Verhandlungen zogen sich jedoch über Monate hin und Erik hatte beinahe schon befürchtet, dass die Wohnung nicht mehr zur Verfügung stünde. Dem war nicht so, auch wenn sich inzwischen die Option auf eine Miete beinahe vollständig zerschlagen hatte, da die Wohnung inklusive aller Nebenkosten knapp achtzig Prozent von Eriks Einkommen beansprucht hätte und damit zu teuer war. Aber Eriks Eltern hatten mittlerweile offenbar durchaus auch Gefallen an der Idee gefunden, dass Erik vielleicht bald nicht mehr zuhause wohnte. Zumal die besichtigte Wohnung so dicht an Eriks Elternhaus lag, dass sie im Notfall immer noch einspringen konnten und regelmäßige Besuche möglich waren.

Gemeinsam entschied sich Eriks Familie dazu, die Wohnung zu kaufen. Erik sollte ein Darlehen aufnehmen, das er über lange Zeit abbezahlen würde. Die monatlichen Kosten machten in diesem Fall nur noch einen Bruchteil der monatlichen Mietkosten aus und außerdem hoffte man, dass man durch den Immobilienerwerb eine Entscheidung bezüglich der Kostenübernahme beschleunigen konnte. Selbstverständlich hatte man alle bisherigen Entscheidungen nicht ohne vorherige Absprachen mit den Kostenträgern getroffen, sodass auch sie über die Pläne informiert waren. Immerhin war seit der ersten Idee zu Eriks Auszug mittlerweile etwas mehr als ein Jahr vergangen und auch das Gespräch zu acht in der Wohnung war mittlerweile schon mehrere Monate her.

Tatsächlich einigte man sich wenig später zunächst auf einen Kompromiss: Erik sollte zunächst einmal tagsüber mit Assistenzkräften in der eigenen Wohnung leben und nachts zu seinen Eltern gehen, da eine Entscheidung über eine Dauernachtbereitschaft noch nicht getroffen werden könne. Leistungserbringer sollte Eriks bisheriger Assistenzanbieter und seit kurzem auch Eriks Arbeitgeber werden.

Das hatte für Erik gleich mehrere Vorteile und auch seinem Wunsch entsprochen. Zum einen kannte er die Koordinatorin sehr gut, sodass Absprachen kurzfristig und zuverlässig getroffen werden konnten, zum anderen ermöglichte es ihm aber auch, wie Erik hoffte, die kurzfristige Anpassung des Dienstplans, sollten Erfordernisse an seinen Arbeitsplatz Überstunden oder die Verlegung seiner Arbeitszeit mit sich bringen. Dadurch, dass ein Anbieter die komplette Versorgung übernahm, erhoffte sich Erik auch etwas Flexibilität in der Gestaltung seines Tagesablaufes. Dann war es vielleicht nicht so wichtig, ob eine Sache, die eigentlich laut Katalog drei Minuten hätte dauern dürfen, sechs Minuten Zeit beanspruchte oder dass Erik sich nicht in der Lage sah, eine Mahlzeit in insgesamt 45 Minuten inklusive Anreichen und Abwaschen zu sich zu nehmen.

Der erzielte Kompromiss fand die Zustimmung aller Beteiligten, sodass man sich aufseiten des Assistenzanbieters auf Personalsuche begeben konnte und Erik sich langsam daran machen musste, zu entscheiden, was er in sein neues Zuhause mitnahm und was er bei seinen Eltern lassen oder sogar entsorgen wollte. Letzteres konnte Erik aber noch nie besonders gut und er hat es bis heute nicht recht gelernt.

Da die Entscheidung für den Kompromiss im September gefallen war, man sich aber auch bei der Personalsuche etwas Zeit lassen wollte, war als Fahrplan vereinbart worden, dass Erik bis zum Weihnachtsfest erst einmal nur tagsüber in seine Wohnung gehen sollte und dort auch die Bewerbungsgespräche stattfinden sollten. Doch bevor es soweit war, hieß es zunächst einmal Umzugskartons zu packen.

Dafür sowie für den Einkauf noch benötigter Dinge für seine neue Wohnung hatte Erik seine Assistenzkräfte bekommen. So verbrachte Erik viel Zeit zwischen Pappkartons und in schwedischen Einrichtungshäusern.

Als besondere Herausforderung beim Einrichten sollte sich Erik Wohnzimmerlampe erweisen. Sie bestand neben der Lampenfassung und einem Kabel aus etwa achtzig Einzelblüten, die aus Papier gefertigt waren und an einzelne Drahtstangen angebracht werden mussten. Allein das Zusammenbauen und Aufhängen der Lampe beanspruchte einen ganzen Tag und manchmal glaubt Erik auch heute noch, dass ihn der Assistent, der ihm dabei helfen musste, bis heute dafür verflucht. Die Lampe ist aber auch heute noch, viereinhalb Jahre nach Eriks Auszug, ein echter Hingucker und fasziniert jeden Besucher, der Eriks Wohnung zum ersten Mal betritt.

Erfreulicherweise war die Personalsuche schneller abgeschlossen als gedacht und Erik zog zum ersten November 2010 in seine eigene Wohnung ein. Die ersten Tage waren reichlich ungewohnt. Erik war überrascht, wieviel es zu bedenken galt, wenn man plötzlich in seiner eigenen Wohnung lebte. Er hatte zwar nie ohne Toilettenpapier dagestanden, aber die eine oder andere Veränderung des Essenplans hatte es aufgrund fehlender Zutaten geben müssen.

Des Weiteren überraschte Erik doch sehr, wie wichtig es seinen ersten Assistenten war, darauf hinzuweisen, dass sie vergleichsweise wenig Kocherfahrung besäßen und Erik ihnen den einen oder anderen Fehler nachsehen möge. Geschmeckt hat es allerdings immer.
Es verwirrte Erik auch deshalb so besonders, weil er es für sich selbst als eine Art Studentenbude ansah. Er war der Überzeugung, dass auch dort nicht alles im ersten Anlauf funktioniert hätte. Er ging aber davon aus, dass er die Fehler, die er selbst wahrscheinlich begangen hätte, auch für andere verzeihlich fand.

Aufseiten der Assistenten erschien allerdings eher die Unsicherheit größer, denn schließlich erledigten sie etwas für andere und wollten sicherstellen, dass das Urteil möglichst positiv ausfällt. Alles etwas gewöhnungsbedürftig für Erik, zumal es in der Anfangszeit zu häufigeren Personalwechseln kommen sollte und er mehr als einmal alles erklären musste.

Für Erik selbst war diese ganze Situation ebenfalls ungewohnt und auch sein Körper schien gleich in mehrerlei Hinsicht darauf zu reagieren. Nicht nur, dass Erik anscheinend jeden Infekt, der auch nur virtuell in seine Nähe kam, abbekam, auch seine Verdauung spielte am Anfang ziemlich verrückt, sodass er entweder Abführmittel nahm oder dafür doch in sein Elternhaus zurückkehrte.

Dennoch konnte Erik auch bereits sehr früh ausgesprochen positive Erfahrungen in seiner neuen Wohnung sammeln. Nicht einmal einen Monat, nachdem er sein neues Zuhause bezogen hatte, besuchte Erik sein erstes Konzert. Der Tag war anstrengend gewesen, denn er musste zuvor noch arbeiten und hatte dort ebenfalls einen Außentermin gehabt, sodass er insgesamt vierzehn Stunden an diesem Tag auf den Beinen sein würde, von denen er mindestens vier in seinem Auto verbrachte.

Trotzdem konnte er den Abend in vollen Zügen genießen und das war eigentlich der erste Moment, wo Erik klar wurde, wie viel Freiheit er durch seine neue Wohnung gewonnen hatte. Auch der erste Spaziergang im Regen war irgendwie schön. Dass er diesen Spaziergang im Anschluss mit einer dreiwöchigen Erkältung bezahlte und es sich damit erwiesen hatte, dass seine Mutter wieder einmal Recht behalten hatte, störte ihn nicht.
Es war eine Erfahrung gewesen, die Erik hatte machen müssen. Schwieriger war für Erik außerdem, dass er nun alles in feste Zeitfenster würde einbauen müssen.

An den Tagen, wo er nicht arbeitete, ging die Schicht von 13:30 Uhr bis 20:00 Uhr, an den Tagen wo er arbeitete von 16 bis 20:00 Uhr. Darin müssen aber alle Therapie-sowie An- und Abfahrtszeiten enthalten sein und auch Abendbrot und Abwasch sollen in der Regel bis dahin erledigt sein. Da seine Eltern eigentlich nicht wirklich einen festen Zeitablauf hatten und sich beinahe alle Tage einfach nur entwickelten, wie sie sich entwickelten, war das für Erik anfangs schon eine ziemliche Umstellung. Auch heute noch genießt er es manchmal, dass es im Urlaub bei den Eltern wieder so ist wie früher und er eben keine feste Zeitfenster hat. Diese Zeitfenster waren zwar nicht unbedingt starr und konnten bei Bedarf selbstverständlich angepasst werden, dennoch war völlige Spontanität schwierig und auch die Organisation innerhalb eines Viererteams musste erst einmal bewerkstelligt sein.

Aber noch einmal zurück zu den Anfangstagen in Eriks neuer Wohnung, als Erik das erste Mal seine fertig eingerichtete Wohnung betrat, um dort einen Tag zu verbringen, war es ihm, als hätte sich eine neue Welt aufgetan und Unsicherheiten und Vorfreude hatten sich die Waage gehalten. Seltsamerweise war Erik sich bei den Dingen, die seine Eltern am meisten fürchteten, sicher gewesen das sie funktionieren würden und umgekehrt war es genauso gewesen. Eriks Eltern waren überzeugt, dass genau die Dinge funktionieren würden, vor denen er sich am meisten fürchtete. Am allermeisten jedoch freute sich Erik darauf, dass er selbst zukünftig entscheiden konnte, ob er bei einem bestimmten Wetter oder bei einer bestimmten Temperatur noch zum Reiten fuhr oder vor die Tür ging. Nach der Erfahrung, die er bei seinem ersten Spaziergang gemacht hatte, würde er es zukünftig besser wissen, wo seine Grenzen waren.

Knapp zwei Monate, nachdem Erik eingezogen war und die Tage in seiner eigenen Wohnung verbrachte, hatte sich der Kostenträger entschieden, zunächst auch einmal die gewünschte Nachtbereitschaft vorläufig bereit zu stellen. Das Kostenanerkenntnis war auf ein paar Monate begrenzt und dennoch stand jetzt fest, dass Erik am 05.01.2011 zum ersten Mal in seinem neuen Pflegebett übernachten würde. Pflegebett, das war übrigens auch so eins dieser schwierigen Themen für Erik gewesen. Er hatte in seinem Elternhaus ein ganz normales, wenn auch Doppelbett besessen und fand die Vorstellung, dass er bald in einem Krankenhausbett liegen würde nicht besonders angenehm. Dass er auch daran zweifelte, dass ein solches Bett die Zuneigung des anderen Geschlechts erfüllen würde, sagte er weder seinen Eltern noch sonst irgendwem.

Letztendlich schlief er die erste Nacht in seinem neuen Bett, dass übrigens weit weniger nach Krankenhaus aussah als Erik befürchtet hatte, ziemlich gut und auch die Befürchtung des Assistenten, der in den saureren Apfel beißen musste, die erste Nachtschicht zu übernehmen, erwies sich als unbegründet. Immer wieder hatte er im Laufe des ersten Abends gefragt, was denn passiere, wenn er Erik nicht beim ersten Mal hören würde und Erik hatte nur geantwortet: „Dann rufe ich halt ein zweites Mal." Aber alle Rufe wurden beim ersten Mal erhört und mit zunehmender Dauer wurde das Leben in der eigenen Wohnung immer mehr zu einer Selbstverständlichkeit.

Zum Zeitpunkt der Fertigstellung dieses Buches ist Erik sicher, dass er ein sehr gutes Team um sich versammelt hat und dass jedes seiner Mitglieder das Beste für ihn und mit ihm versucht zu erreichen. Die jüngste im Team, Nadine, wird im Schlusskapitel dieses Buches noch eine bedeutende Rolle spielen. An dieser Stelle sei so viel über Nadine verraten: Sie ist eine fröhliche junge Frau, die sagt, was sie denkt und trotz ihrer manchmal sehr direkten Art das Herz am rechten Fleck trägt. Ihr Unternehmungsgeist ermöglichte Erik Erfahrungen, die er sich wohl nie getraut hätte zu machen, wenn Nadine nicht so beharrlich gewesen wäre. Auch für das laufende Kalenderjahr hat Erik bereits Pläne und Wünsche formuliert und ihre Umsetzung eingeleitet. Dazu gehören mehrere Fotokurse, ein Besuch der Leipziger Buchmesse oder ein engerer Kontakt zu seinen Lieblingstieren, den Pferden.

Neun Jahre nach seinem Auszug lassen sich Eriks

Erfahrungen in etwa so zusammenfassen: Vieles ist eine Frage von Personen und auch Kreativität in der Umsetzung, manches eine Frage von kreativen Ideen und einiges sicher auch beschwerlich. Dennoch hatte Erik den Schritt nie bereut und dadurch neue Möglichkeiten gewonnen, die er heute nicht mehr missen wollte. Dass es mitunter auch schwere Rückschläge gab, hat Erik mittlerweile als Lebenserfahrung begriffen und es ist gerade dieses „echte Leben", was Erik fasziniert und begeistert.

Jeder Abschied ist ein Neuanfang

Dass das Leben nicht frei von Rückschlägen ist, hatte Erik ja bereits durch seine hohe Infektanfälligkeit unmittelbar nach seinem Auszug feststellen müssen. Diese Phase hielt in etwa ein knappes Jahr an, sodass er oft nicht zum Reiten gehen konnte und die so mühsam erkämpfte Rückkehr zu Felix seltener möglich war als erhofft. Als die Infektanfälligkeit endlich abnahm, wurde sie durch zunehmende Rückenprobleme abgelöst, die später in der Anpassung eines Korsetts enden sollten.

Mitten in den Beginn der Rückenprobleme platzte eine Nachricht hinein, mit der Erik niemals gerechnet hatte. Die Pferdepflegerin von Felix schrieb ihm eines Abends eine SMS, aus der folgender Satz hängen bleiben sollte: „Ich schlage vor, Du beeilst Dich mit dem Gesundwerden. Ich bin nämlich nicht mehr lange da." Eriks Nachfrage, ob sie einen neuen Job habe, verneinte sie. Der Inhalt der nächsten SMS machte Erik fassungslos. Der Stallbesitzer habe beschlossen, dass Therapeutische Reiten aufzugeben und werde bis zum Ende der nächsten Woche alle Therapiepferde verkaufen. Felix sei aber ausdrücklich ausgenommen, da er sein ganzes Leben in dem Stall verbracht hatte und mit seinen mittlerweile stolzen vierundzwanzig Jahren nicht mehr umgesiedelt werden sollte.

Wie oft er die SMS an diesem Abend gelesen hatte, daran erinnert sich Erik nicht mehr. Im Scherz sagte er immer: „Beim zehnten Mal habe ich aufgehört zu zählen." Ich bin geneigt, meinem Freund zu glauben und würde vermuten, dass zehn Mal eher die untere Grenze ist.

Tatsächlich setzte Erik alles daran, Felix wenigstens noch einmal reiten zu können und noch einen Weidebesuch hinzubekommen. Beides gelang ihm, selbst wenn er für die letzte Reitstunde noch einmal zehn Euro extra bezahlte, damit der Freund der Pferdepflegerin das Pferd führte und die Pferdepflegerin hinter Erik sitzen konnte. Diese letzte Reitstunde mit seinem langjährigen Freund war für Erik wirklich was ganz Besonderes. Es war, als hätte sich ein Kreis geschlossen.

Diese letzte Reitstunde fühlte sich exakt genauso an, wie die erste Reitstunde nach Eriks Rückkehr aus England. Die Schrittlänge, das Schnauben, alles schien identisch zu sein. Sogar die obligatorische Toilettenpause war Felix erhalten geblieben. Diese Stunde war im Fluss und so wunderte es Erik kaum, dass er sein Versprechen, nicht zu weinen, nach dem Absteigen nicht halten konnte. Das war also das Ende eines großen Kapitels in Eriks Leben gewesen, das mindestens so viele Höhen wie Tiefen gehabt hatte. Aber war es auch das Ende für Eriks Reittherapie? Zunächst schien alles darauf hin zu deuten. Schließlich war die Suche nach Felix knapp vierzehn Jahre vorher schon nicht einfach gewesen und die Liste der Einrichtungen, die Therapeutisches Reiten anboten, war in Zeiten zunehmender Kürzungen im Gesundheitssystem nicht unbedingt länger geworden. Erik nutzte beinahe jede Gelegenheit, nach Adressen zu fragen und schnell hatte er eine Liste zusammen, auf der sich immerhin elf Einrichtungen befanden, wo Erik mal anrufen sollte.

Doch die Anrufe erwiesen sich oft als Sackgasse. Entweder wurde die Reittherapie nur für Kinder angeboten oder nur am Vormittag oder es war keine Aufstiegshilfe vorhanden. Mehr als einmal hatte Erik auch das Gefühl, dass die Stallbesitzer sein wahres Anliegen gar nicht verstanden. Die wenigen Ställe, die er sich ansah und zu denen er nach Möglichkeit seine langjährige Reitbegleitung Vanessa mitnahm, waren nicht überzeugend. Ein viel zu großes Pferd in einer viel zu kleinen Reithalle oder junge Pferde ohne größere Therapieerfahrung waren einfach nicht geeignet für Erik. Je mehr Ställe er von seiner Liste strich, umso trauriger wurde Erik. Dabei hatte er doch den Radius schon auf zweihundertfünfzig Kilometer von seinem Wohnort ausgedehnt, so wichtig war ihm das Reiten gewesen. Eine Einrichtung hätte Erik sich gerne angesehen, da sie aber nicht bereit waren, die Einheiten länger als fünfzehn Minuten zu machen, erschien ihm der Anfahrtsweg von knapp einhundertdreißig Kilometern zu lang.

Vanessa und Erik hatten schon lange mit dem Gedanken experimentiert, was wohl passiere, wenn die beiden sich ein eigenes Pferd teilten. Der Gedanke gefiel Erik, denn es würde ja auch bedeuten, dass er nicht mehr zwingend nur auf einen Termin in der Woche angewiesen war und er ließ auch die Möglichkeit, innerhalb der Woche einen Ersatztermin zu finden, sollte das Reiten am ursprünglich vorgesehenen Tag nicht möglich sein. Je mehr Ställe er gestrichen hatte, umso wichtiger konnte diese Option werden. Bliebe dann nur die Frage, wie sollte Erik es, wenn es dazu kam, seinen Eltern erzählen und wie würde das restliche Team darauf reagieren?
So viel stand immerhin fest: Wenn es zu einem eigenen Pferd kommen sollte, würde er das restliche Team brauchen.

Die Idee schien zumindest auf alle in erster Linie befremdlich zu wirken und niemand konnte sich so recht vorstellen, wie das denn gehen sollte. Nadine zweifelte sogar, ob Erik wirklich wisse was er da überlege. Trotzdem bekamen Vanessa und Erik eine unverhoffte Chance als ein Kollege von Vanessa ihr ein Pferd kostenlos anbot.

Vanessa und Erik schauten sich den Notfallkandidaten an, der bezeichnenderweise auch noch auf dem Namen Noti hörte, entschieden sich aber schweren Herzens dagegen. Der Haflinger hatte mittlerweile schon ein beträchtliches Alter erreicht und würde nach seiner Vorgeschichte aller Voraussicht nach bald die ersten hohen Tierarztrechnungen produzieren. Dann hätten weder Vanessa noch Erik gewusst, wie sie das hätten finanzieren sollten. Also blieb Erik weiterhin ohne Pferd und mit dem Problem konfrontiert, einen neuen Reitstall finden zu müssen.

Doch wie so oft im Leben sollte der Zufall Eriks Freund sein. Einer seiner Vertretungsassistenzkräfte berichtete von ihrer Freundin, die ganz in der Nähe in einer Therapieeinrichtung arbeitet. Obwohl das Therapieangebot überwiegend Leistung für die dort lebenden Bewohner sei, hätte man auch wenige Plätze für externe Kunden. Tatsächlich fand Erik wenig später im Internet eine Telefonnummer und beschloss gleich am nächsten Morgen dort anzurufen. Er erreichte zuerst nur den Anrufbeantworter, doch die Therapeutin rief noch in der Mittagspause zurück. Ihre Stimme war warm und freundlich am Telefon, etwas was für Erik sehr wichtig ist, da er Leute nach wie vor lieber sieht oder ihnen schreibt statt zu telefonieren. Erik schilderte sein Anliegen und bekam beinahe umgehend einen Terminvorschlag für ein Kennenlerntreffen. „Die Frau scheint nicht nur nett, sondern auch sehr zielstrebig zu sein", hatte Erik nach Beendigung des Telefonats gedacht und den Termin umgehend an Vanessa weitergeleitet. Leider konnte sie nicht, wie er zwei Tage später erfahren sollte. Deshalb fragte er Annabell, eine sehr gute Freundin von Isabelle, die mittlerweile die Prozessbegleitung bei ihm übernommen hatte, ob sie ihn begleiten könne. Das funktionierte tatsächlich und so fuhr Erik zum vereinbarten Treffen. Was er dort erlebte, war außergewöhnlich.

Nicht nur, dass die Therapeutin sich ausführlich Zeit nahm und ein ernsthaftes Anamnesegespräch führte, nein, man saß auch in einem beheizten Raum, von dem man die gesamte Reithalle überblicken konnte. „Der perfekte Ort für meine Assistenten, die häufiger in der Reithalle gefroren hatten", dachte Erik. Etwa anderthalb Stunden war das Gespräch im Gange, als die Therapeutin sagte: „Du müsstest allerdings allein auf dem Pferd sitzen, weil Shirley das sonst nicht tragen kann." Anschließend lernte Erik Shirley noch kennen. Sie war eine Tinkerstute. Erik erlebte sie als ausgesprochen freundlich, aber für ein Therapiepferd ungewöhnlich zurückhaltend. Kein Körperkontakt, kein Beschnuppern, nur ein interessiert neugieriger Blick.

Alles in allem schien es der perfekte Stall zu sein und das dachte Erik nicht nur, weil dieser Stall sprichwörtlich seine letzte Hoffnung geworden war, sondern weil er davon überzeugt war. Wäre da nur nicht die Sache mit dem Alleinsitzen. Es schien fast als könnte die Therapeutin Eriks Gedanken lesen, als sie zu ihm sagte: „Wir können es ja erst mal ganz langsam ausprobieren, zwei bis fünf Minuten und dann schaust Du wie es geht. In drei Wochen hätte ich einen Termin für eine Probestunde.

Mit dieser Aussage fuhr Erik dann zunächst einmal nach Hause, wo er eine halbe Stunde später feststellte, dass er wieder einmal fast 39 Grad Fieber bekommen hatte. Nachdem er seine Erkrankung endlich weggeschlafen hatte, erzählte er Vanessa von dem neuen Reitstall und ihre Antwort ließ keinen Zweifel daran, dass sie Erik für einen Angsthasen halten würde, wenn er die Probestunde absagte. Wie gut Vanessa ihn mittlerweile kannte, zeigte sie Erik auch noch am Tag, an dem die die Probestunde eigentlich vorgesehen war. Da schrieb sie: „Wenn Du jetzt kneifst, dann kriegst Du Ärger mit mir. Ich habe extra meinen Dienst getauscht, um dabei sein zu können." Wie oft Erik in den Tagen davor den Gedanken gehabt hatte, vor der Probestunde zu kneifen, wollte er Vanessa in Anbetracht der SMS lieber nicht schreiben. Noch in dem Moment, als er schließlich im Reitstall den „Fahrstuhl" befuhr, der ihn in etwa in Höhe des Pferderückens brachte, dachte Erik daran zu kneifen.

Wenig später und bevor er ein weiteres Mal Zeit hatte nachzudenken, saß er schon auf Shirleys Rücken. Er hielt sich mit viel zu viel Kraft und aller Gewalt an den Griffen des Gurtes fest, was zu relativ starken Spastiken in den Armen führte die wiederum dafür sorgten, dass der mit aller Kraft gewünschte Halt alles andere als sicher war. Hinzu kam noch dass Erik offenbar die Luft angehalten halte, weshalb er nun von beiden Seiten nahezu zeitgleich den Satz hörte der zum geflügelten Wort werden sollte „Atmen nicht vergessen". Wie zur

Betonung des Gesagten atmete auch Shirley unter Erik auch spürbar und hörbar aus.

Nachdem das mehr oder weniger elegant geschafft war, wollte die Reittherapeutin die Anforderungen für Erik ins scheinbar Unermessliche erhöhen. Shirley sollte mit jedem Huf exakt einen Schritt gehen. Dann würde sie am Anfang der langen Seite stehen und man könnte schauen wie es weiter geht. Shirley tat wie ihr geheißen und diese ersten vier Schritte waren eine Mischung aus Emotionen, wie sie gegensätzlicher kaum sein konnten.

Eriks Herz fühlte sich vor Aufregung an als sei es bereits jetzt nicht nur einen Marathon gelaufen, sondern habe einen ganzen Triathlon hinter sich gebracht und gleichzeitig schüttete sein Gehirn derartig viele Glückshormone aus, dass es ihm fast pervers vorkam. Nachdem er die ganze lange Seite und damit zwanzig Meter Schritt gehen in fünf Minuten hinter sich gebracht hatte, war seine erste Reitstunde beendet.

Er blieb Shirley und dem Stall trotzdem treu und kurz vor Beendigung dieses Buches konnte Erik gleich zwei Erfolge verbuchen. Er war mit Shirley zum ersten Mal in seinem Leben getrabt und hatte dabei so viel Glück empfunden, dass er es für völlig unvorstellbar hielt. Zudem hatte Nadine, die eigentlich gar nichts mit Pferden am Hut hatte, die Reittherapeutin gefragt ob man Eriks Stunde nicht von zwanzig wieder auf fünfundvierzig Minuten ausdehnen konnte, damit Paulchen Panther, der seit Monaten montags Dauergast in der Reithalle schien, nicht mehr so schnell an der Uhr drehen konnte. Damit hatte Erik exakt die Dauer einer Reitstunde erreicht, mit der er Felix verlassen hatte, nur mit dem

Unterschied, dass er jetzt allein auf dem Pferd saß. Das verdankte er einer sehr netten und gleichzeitig zielstrebigen Therapeutin und nicht zuletzt Shirley, die trotz aller Widrigkeiten zu Beginn eine hervorragende Atemtherapeutin für Erik war und ihm mit ihrer Geduld und Beharrlichkeit wunderbare, bis dato unbekannte Welten erschloss.

Edith

Beflügelt von seinen Fortschritten auf Shirley, die Eriks Selbstbewusstsein und Vertrauen in seinen eigenen Körper deutlich gesteigert hatten, beschloss Erik sein anderes großes Herzensanliegen noch einmal anzugehen. Er war immer noch Single und seit Claire hatte sich auf diesem Gebiet auch rein gar nichts mehr getan, wenn man von einem sehr intensiven und vielversprechenden Mailkontakt absieht. Dieser war aber nach dem ersten physischen Treffen ohne erkennbaren Grund und dennoch im gegenseitigen Einvernehmen deutlich abgekühlt. Der Mailkontakt lag mittlerweile mehrere Monate, die Ereignisse um Claire schon wieder Jahre zurück. Also hatte er mit Annabell eigentlich mehr aus Neugier eine Suche nach einer Sexualbegleiterin „in seiner Umgebung" gestartet.

Bereits einer der ersten Treffer zeigte eine optisch ansprechende Seite, auf der sozusagen als Wasserzeichen die Silhouette einer Frau zu sehen war und übersichtlich alle Angebote und Informationen einzusehen waren. Als Kontaktmöglichkeit waren sowohl E – Mail als auch eine Handynummer angegeben und Erik stellte zu seiner Freude fest, dass Ediths Handynummer den gleichen Nachrichtendienst nutzte, wie er selbst. Also entschied sich Erik für eine Kombination aus E – Mail und Handynachricht da es ihm immer noch sehr schwer fiel, mit fremden Menschen zu telefonieren, auch und gerade, wenn es um schwierige Themen geht.

Lange hörte er nichts von Edith und beinahe hätte er sie auch vergessen, wäre sie nicht gerade in dem Moment wieder aufgetaucht, als die größte Katastrophe über

Erik hereingebrochen war. Einer seiner Assistenten hatte während der Nachtschicht einen tödlichen Herzanfall erlitten und obwohl Erik wusste, was geschehen war, fühlte er sich nur noch hilflos und elend. Ausgerechnet an diesem Tag meldete sich Edith zurück und diesmal war es an Erik, sie warten zu lassen. Er teilte Edith kurz mit, was geschehen war und bat um Geduld ihrerseits, er würde sich wieder melden, sobald es ihm besser ginge.

Zwölf Wochen und eine Reha Maßnahme später sollte sich ganz unverhofft eine Chance ergeben. Eriks Eltern hatten ihm telefonisch mitgeteilt, dass sie, zum ersten Mal nachdem Erik allein wohnte, in Urlaub fahren würden und somit Erik nicht zum Einspringen zur Verfügung standen. Für Erik bedeutete dies, dass sie auch nicht unerwartet anrufen oder vorbeikommen konnten. Wenn nicht jetzt, wann dann? Noch am selben Abend nahm er Kontakt mit Edith auf und die beiden besprachen, welche Art der Dienstleistung sie denn erbringen würde. Sehr schnell wurde Erik klar, dass Edith in keiner Weise mit seiner Erfahrung aus Hamburg vergleichbar sein würde. Trotzdem war der finanzielle Aufwand, den Erik für ein Treffen mit Edith betreiben musste, überschaubar geblieben, sodass er tatsächlich einen Termin mit Edith vereinbarte, den er aber zur Sicherheit nach Hamburg verlegte, obwohl seine Eltern im Urlaub waren. Sicher ist sicher.

Die Begleitung zu diesem Termin sollte Nadine übernehmen, sodass als Tageszeit nur der Nachmittag blieb. Zweieinhalb Stunden hatten die beiden vereinbart und Erik war nervös wie nie in seinem Leben. Nicht nur, dass er knapp sechs Jahre nach seinem „Ersten Mal" nun wieder eine Frau berühren würde, sondern auch, dass diese Frau, im Gegensatz zu allem was er über Prostituierte jemals gehört hatte, auch küssen zuließ.

Erschwerend oder auch erleichternd – je nach Sichtweise - kam hinzu, dass Edith wirklich gut aussah auf dem Foto und vieles von dem hatte, was Erik sich für seine Freundin immer wünschte. Lange blonde Haare, feminine und attraktive Körperformen und ein unglaublich warmes und sanftes Lächeln. Aus diesem Lächeln sprach für Erik echte Herzlichkeit.

Als Erik vor Ediths Tür ankam, klopfte ihm das Herz bis zum Hals. Er hatte sich für eine blaue Jeans und ein violettes Oberhemd entschieden, war frisch rasiert und geduscht, aber trotzdem so aufgeregt, dass er beinahe wieder umgekehrt wäre. Doch dann klingelte Nadine und Erik konnte Edith zum ersten Mal sehen.

Schnell wurde klar, dass Edith alles andere war als eine Prostituierte. Sie mochte zwar oberflächlich betrachtet das Gleiche tun, dennoch war ihr Weg zum Ziel ein ganz anderer. Hatte bei Eriks Hamburger Erfahrung noch die „zeitoptimierte Bedürfnisbefriedigung" im Vordergrund gestanden, so ging es bei Edith viel mehr darum, sich und sein Gegenüber zu fühlen und gemeinsam einen Weg zu erkunden, der beide glücklich und zufrieden machte, selbst wenn es dabei nicht zu einem Samenerguss kommen sollte.

Der erste sichtbare Unterschied zwischen beiden Erfahrungen bestand in der Tatsache, dass weder Edith noch Erik nackt waren, als sie sich auf das improvisierte Bett, bestehend aus zwei nebeneinander liegenden Matratzen auf dem Fußboden, legten. Edith entschuldigte sich zunächst für die Improvisation. Für Erik machte gerade dieser Umstand die Erfahrung ein bisschen weniger gestellt und gekünstelt, aber dafür realer.

Über eine Stunde ließen sich Erik und Edith Zeit, bis sie an dem Punkt angekommen waren, den Erik bei seiner Vorerfahrung bereits erreicht hatte, bevor die Frau überhaupt zu ihm ins Bett gekommen war. Wie wunderbar es sein konnte, und dass man sich auch anders ausziehen konnte als „professionell helfend" durfte Erik dort zum ersten Mal erleben. Eine weitere halbe Stunde erkundeten die beiden einfach nur ihre Körper und am Abschluss dieser halben Stunde stand der erste Kuss in Eriks Leben. Er war sanft, von beiden Seiten schüchtern, von Eriks Seite zusätzlich noch scheu und dennoch wunderschön. Die beiden beschlossen, eine kleine Übungseinheit in dieser Disziplin einzulegen, während sie den Versuch, miteinander zu verschmelzen, vorerst wegen mangelnder Aussicht auf Erfolg auf das nächste Treffen verschoben.

Denn, dass es dieses zweite Treffen geben würde, das war für Erik und Edith bereits nach der ersten Halbzeit des ersten Treffens klar gewesen. So widmeten sie den Rest des ersten Treffens dem Erkunden verschiedener Berührungsmöglichkeiten und einer kleinen Nachhilfestunde in „Mädchen-Anatomie", wie Erik es im Stillen immer noch nannte. Es gab weitaus schlechtere Stundenpläne, aber kaum bessere Lehrerinnen, fand Erik. Wider Erwarten erwiesen sich die zweieinhalb Stunden doch als etwas eng bemessen, denn als Edith Erik gerade das Unterhemd anzog, klingelte Nadine bereits wieder an der Tür. Nicht weiter schlimm, denn auch

Edith und Nadine schienen sich sympathisch zu sein und so verbrachte man unbeschwerte Minuten zu dritt zum Abschluss des ersten Treffens.

Um 16.45 Uhr saß Erik wieder im Auto Richtung Heimat und war überglücklich. Ein bisschen ärgerte er sich, dass Edith nicht seine Partnerin für „das erste Mal" gewesen war, aber zu diesem Zeitpunkt hatte sie wahrscheinlich noch nicht einmal im Traum daran gedacht, dass sie eines Tages diesen Beruf ausüben würde. Noch während der Rückfahrt hatte Nadine Erik gestanden, dass auch sie nervös war. Der Grund für ihre Nervosität war allerdings ein ganz anderer gewesen. Sie hatte seit längerer Zeit die Frage beschäftigt, was sie denn wohl sagen würde, wenn sie Erik nach getaner Arbeit bei Edith wieder abholen würde. Diese Frage hatte sich allerdings erübrigt, da sie gar nichts sagen musste.

Als Erik zurück in seiner Wohnung war, schrieb er Edith gleich eine SMS und bedankte sich für den wunderschönen Nachmittag, der ihm viele neue Erfahrungen ermöglicht hätte. Noch am selben Abend hatte Edith auf seine SMS geantwortet und sich ihrerseits bei Erik für seine Neugier und seine Offenheit bedankt und ihn wissen lassen, dass sie sich freuen würde, wenn die beiden auch zukünftig miteinander „sexperimentieren" würden. Einen genauen Termin für das zweite Treffen konnte Erik natürlich noch nicht benennen, da das ja nicht zuletzt von seinen finanziellen Möglichkeiten abhing, aber allzu lange wollte er damit nicht warten.

Zwei Monate später hatte er das Geld für ein weiteres Treffen zusammen, und so kontaktierte er Edith, um mit ihr die Details zu besprechen. Eine Sache wollte Erik diesmal gern verändern. Er wollte, dass das zweite Treffen bei ihm in der Wohnung stattfände, damit er vielleicht sein eigenes Schlafzimmer wieder positiver besetzen konnte und es nicht nur mit den negativen Erinnerungen an den Tod seiner Assistenzkraft verbunden war. Edith stimmte auch diesem Vorhaben zu und so waren die beiden knapp zweieinhalb Monate nach dem ersten Treffen wieder allein. Erik dachte an einen Zeitungsartikel, den Edith ihm geschickt hatte und in dem sie ihren Beruf – oder war es eher Berufung – so zutreffend beschrieben hatte. Dort stand: „Ich bin Testpilotin, Vertraute und Wegbegleiterin." Der eben zitierten Überschrift folgte die Feststellung, dass während ihrer Arbeit „alles passieren kann, was beiden Beteiligten Spaß macht" und zum Schluss steht dort: „Für mich ist Sexualbegleitung eine authentische Begegnung zwischen zwei Menschen."

Wie ernst es Edith gerade mit der letzten Aussage war, hatte er während der zweieinhalb Stunden, die sie bisher miteinander verbracht hatten, erfahren und Erik war sich sicher, dass sie es ihm auch in den folgenden drei Stunden zeigen würde. Edith war die erste Frau in seinem Leben, die nicht am Anfang seine Behinderung und Grenzen wahrnahm, sondern die zuerst sah, was Erik vielleicht trotz oder gerade wegen seiner Behinderung zu geben in der Lage war.

In dem Moment, als Edith zu ihm ins Bett stieg, fühlte sich Erik am Ziel seiner Träume. Dass Edith nach wie vor eine Frau war, die er für ihre Dienstleistung bezahlte, verdrängte er für einen Moment.

Printed by BoD"in Norderstedt, Germany